2019年文化和旅游优秀研究成果汇编

中国旅游研究院（文化和旅游部数据中心）编

中国旅游出版社

责任编辑：刘志龙
责任印制：闫立中
封面设计：中文天地

图书在版编目（CIP）数据

2019年文化和旅游优秀研究成果汇编 / 中国旅游研究院，文化和旅游部数据中心编. -- 北京 ：中国旅游出版社，2020.7

ISBN 978-7-5032-6524-2

Ⅰ. ①2… Ⅱ. ①中… ②文… Ⅲ. ①文化产业－成果－汇编－中国②旅游业发展－成果－汇编－中国 Ⅳ. ①G124②F592.3

中国版本图书馆CIP数据核字(2020)第122053号

书　　名：2019年文化和旅游优秀研究成果汇编

作　　者：中国旅游研究院（文化和旅游部数据中心）编
出版发行：中国旅游出版社
（北京静安东里6号　邮编：100028）
http://www.cttp.net.cn　E-mail:cttp@mct.gov.cn
营销中心电话：010-57377108，010-57377109
读者服务部电话：010-57377151
排　　版：北京旅教文化传播有限公司
经　　销：全国各地新华书店
印　　刷：北京盛华达印刷科技有限公司
版　　次：2020年7月第1版　2020年7月第1次印刷
开　　本：787毫米×1092毫米　1/16
印　　张：12.25
字　　数：199千
定　　价：56.00元
ISBN　978-7-5032-6524-2

编写说明

文化和旅游优秀研究成果遴选是文化和旅游部批准由中国旅游研究院（文化和旅游部数据中心）作为执行单位开展的研究项目，该项目旨在鼓励全国各方面围绕文化和旅游研究产出高质量研究成果。

文化和旅游优秀研究成果要求聚焦文化和旅游研究，成果形式包括:（1）政府决策咨询、专题调研和数据研究报告（不含规划类成果）;（2）公开发表的学术论文;（3）公开出版的学术专著。根据2019年成果遴选公告，参评成果完成时间范围须为2018年1月1日至2018年12月31日。经征集、遴选，2019年文化和旅游优秀研究成果共54项成果入选。其中，学术论文20项，专著15项，研究报告19项。

本成果汇编收录了2019年54项优秀研究成果摘要。

目　录

学术论文类——一等奖（3 项）

学术论文类——二等奖（7 项）

学术论文类——三等奖（10项）

专著类——一等奖（2项）

专著类——二等奖（5 项）

专著类——三等奖（8 项）

研究报告类——一等奖（2 项）

研究报告类——二等奖（7 项）

研究报告类——三等奖（10 项）

学术论文类

——一等奖（3项）

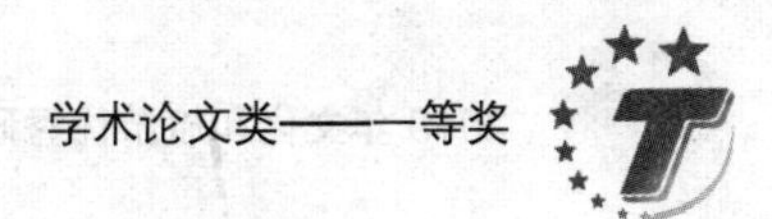

面向人的存在的旅游功能再认识研究：基于人文主义的视角

作　　者：马凌，朱竑
依托单位：广州大学
成果类别：集体成果

一、研究内容

文章首次从目的论和旅游者主体的视角对旅游功能进行研究。基于人文主义的理论视角，文章提出旅游的本质在于人的体验，而旅游的目的则指向了人的存在。研究从伽达默尔的人文主义核心概念“教化”出发，阐述人的发展与旅游作为人的一种日常实践的关系。区别于黑格尔所讲的理论教化，文章提出旅游可能在两个层次上实现旅游作为人文主义的实践教化的功能：促进人的“整体生命体验”和“共同伦理”两个方面。人文主义视角下的旅游功能是从目的论的角度来思考的：旅游对于个体生命的意义来说，应该是实现由客观物返回其生命性和提高人性以及普遍伦理的一种教化实践。这是对旅游功能的反思，也是对原来旅游功能认识的超越。文章最后指出，只有在更深层次认识旅游功能的基础上，才有可能实现“更负责任的旅游”和“好的旅游”。

二、研究框架和研究方法

文章首先对科学实证主义和人文主义两种不同认识论下的旅游功能研究进行简要梳理。然后，从人文主义视角和伽达默尔的人文主义核心理论出发，建立旅游功能与作用的认识与研究框架，同时结合旅游实际进行具体分析。在人文主义的理论框架下，文章创新地提出旅游功能研究需要超越认识论本身，走向目的和意义，目的论视角下的旅游功能是面向人的存在的一种教化实践。

文章主要采用经典文献梳理和理论建构的思路和方法，对人文主义核心理论和概念进行梳理，尤其是对德国哲学家伽达默尔的人文主义教化理论进行系统阐述，并在此基础上提出旅游作为一种教化实践和回向存在自身的重要功能。

三、理论创新和学术价值

文章从人文主义教化概念的理论视角创新地提出旅游的功能与作用是回到人的存在本身，旅游是通过外部世界达到个人普遍性和人类共同伦理提升的重要途径。人文主义视角下旅游功能的分析是对传统以经济为主导的旅游功能认识的有效和有益补充，具有重要的理论价值。

从旅游基础理论看，研究将旅游本质的分析从旅游体验进一步推进，指出旅游是旅游者通过旅行，接触和了解外部世界最后返回自身的过程，它有着黑格尔和伽达默尔所提出的实现人的“实践教化”的意义。因此文章将旅游的本质从旅游中人的体验推向人的存在，完善了旅游从旅游业到旅游者主体的整体认识和分析框架。

四、应用价值和经济、技术、社会效益

从理论价值看，文章明确提出“旅游作为一种实践教化”的功能认识，这对以往旅游功能与作用的研究是一种认识论上的推进，拓展了旅游基础研究的内容和范围。从实践价值看，这种目的论意义的旅游功能已经越来越被更多新兴的旅游形式所实践，如志愿者旅游、灵性旅游、背包修学旅游等。它区别于以往大众旅游中的世俗享乐体验，而被赋予了某种崇高和神圣的使命——个体在这个过程中逐渐舍弃了本能性和直接性，上升到了精神的高度，学会欣赏美、形成人类共同德性伦理和语言理解。旅游活动应当在这样的教化思想和实践智慧中建构旅游的核心功能和价值，这对以往围绕经济为核心价值的旅游功能构建将是非常有益的补充。旅游政策制定者、旅游产品供给者、旅游经营商都可以围绕旅游的教化功能去设计和提升旅游产品和服务的品质，以实现真正“好的旅游”，在发展旅游的同时，促进人的发展和社会发展；而旅游者也可以在这一思想的引导下成为更负责任的消费者和学习者。

授权型领导与服务破坏：基于COR理论的有调节的中介效应模型

作　　者：周星，马建峰，董霞
依托单位：厦门大学
成果类别：集体成果

一、研究内容

本研究以资源保存理论为基础，以工作投入为中介，以一般自我效能感为调节，基于一个被调节的中介模型探索了授权型领导对酒店一线服务人员服务破坏的影响机制。通过3个时间段11家酒店的220份领导—下属配对问卷调查，研究发现：(1)授权型领导对员工服务破坏有显著的负向预测作用；(2)员工工作投入在授权型领导与服务破坏之间发挥着部分中介作用；(3)员工一般自我效能感对授权型领导与员工工作投入之间的关系具有显著的正向调节效应，即员工一般自我效能感越高，二者之间的正向关系越强；(4)员工一般自我效能感对授权型领导与员工服务破坏之间通过工作投入的间接关系具有显著的正向调节作用，即员工一般自我效能感越强，这种负向的间接关系就越强。

二、研究框架和研究方法

本研究首先采用文献分析法、归纳演绎法等研究方法，通过全面系统梳理、归纳和总结授权型领导、自我效能和服务破坏等文献，在此基础上提出研究问题，并提出理论模型和研究假设；其次，通过时间滞后多阶段的问卷调查的研究方法开展样本和数据收集；再次，运用统计软件进行 CMB 分析，验证性因子分析和假设检验；最后，对研究结论进行讨论。

三、理论创新和学术价值

服务破坏的影响及修复是当前国内外服务业普遍关注且亟待解决的重要问题。本研究首次从领导学视角探究了服务破坏的抑制机制，研究结论有助于推动授权型领导与服务破坏方面的研究进展，对酒店以及其他服务组织提供了良好的管理启示，具有较高的学术价值。理论创新体现为以下几点：（1）我们通过检验授权型领导在酒店业中的影响后果推进了相关研究进展。已有相关研究主要集中在授权型领导积极的影响后果，其是否能够对负面工作行为发挥作用仍不清楚，本研究通过揭示授权型领导如何减少酒店员工的服务破坏行为填补了这一重要空白。（2）本研究通过探讨授权型领导与服务员工服务破坏行为之间关系的中介机制推进了授权型领导研究的进展。借助 COR（Conservation of Resources）理论，我们构建了一个新的理论框架来研究授权型领导和服务破坏之间工作投入的中介作用，这在国内外学术界还是首次。（3）已有研究很少关注个体对其成功完成特定任务能力的信念，我们的研究通过考虑下属的一般自我效能感来解决这一重要空白。研究表明一般的自我效能放大了授权型领导对下属工作投入的直接影响，以及通过工作投入授权型领导对下属服务破坏的间接影响。

四、应用价值和经济、技术、社会效益

本研究对酒店业而言具有非常重要的应用价值。首先，研究发现在授权型领导的影响下，一线服务人员更可能进行高的工作投入，且不太可能实施服务破坏行为。所以，酒店管理者应更加重视增强授权型领导。其次，我们的研究结果还强调了工作投入在授权型领导和服务破坏之间重要的传导作用。所以，本研究的第二个启示涉及酒店管理者和组织可以采取一些措施来最大限度地提高工作投入。最后，本研究也表明，在授权型领导管理的情况下，具有高自我效能感的员工会更多地参与一线服务工作。因此，酒店公司应特别注意招聘时的一般自我效能感指标。比如，为提高员工的一般自我效能感，酒店管理公司可以实施高度承诺的人力资源实践，鼓励主管对下属表示真诚的关心并为他们的工作提供及时帮助。

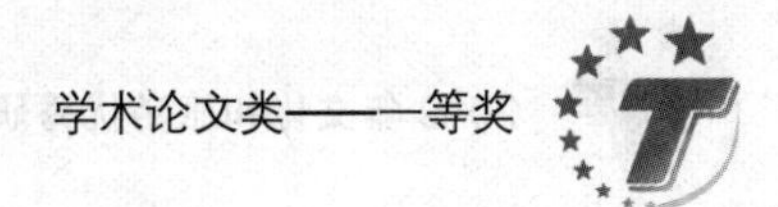

消费转型背景下度假型旅游地时空修复

——基于三亚海棠湾的案例研究

作　　者：胡宪洋，保继刚
依托单位：陕西师范大学
成果类别：集体成果

一、研究内容

本文在详细剖析时空修复理论研究成果的基础上，结合中国情境与旅游情境，提出了资本应对消费转型的一般框架，分析了三亚海棠湾时空修复的整体历程，并揭示了案例背后的制度逻辑。

本研究表明，资本以时空修复的方式完成了对消费转型的应对。其中，时空修复的经济维度包括资本的空间修复与时间修复，在三亚海棠湾，空间修复突出地表现为地理扩张与空间重组，时间修复则重点表现在二级循环的缓建、停建及其向三级循环的跃迁。时空修复的非经济维度方面，政府部门借由尺度重组用以促进资本的循环与积累，通过尺度上推，借助意识形态与城市战略，构建了资本空间运行的合法性；通过尺度下推，借由绩效优先原则与权力下放策略，支持与服务资本的空间运行。但政府的部分行为在某种程度上干扰了市场秩序，延缓危机的同时制造了更大的隐患。此外，时空修复与尺度重组之间存在着理论关联，消费转型使得原有资本节律失常，地域组织通过尺度重组搭建起全新的地理架构，为资本的时空修复提供了相对稳定的地理平台。

二、研究框架和研究方法

本文提出中国情境下资本时空修复的分析框架，该分析框架区分了时空修复的经济维度与非经济维度，搭建了以资本为核心，以政府为支撑的行为图式，用以解读资本与政府对消费转型的共同应对。基于上述框架指导，本研究主要采用了质性研究方法，在十余年跟踪调研的基础上，结合大量宏观数据与二手资料，重点对三亚市旅发委等政府部门、高端酒店与餐饮企业、当地村民等多元群体进行访谈，借由深度访谈与实证归纳的研究方法，用以解读海棠湾时空修复历程。

三、理论创新和学术价值

消费转型背景下旅游目的地供需失衡矛盾凸显，由此引致了目的地新一轮的结构性调整，然而这一现象并未引起学界足够重视，现有的理论框架在解释力度上也存在明显不足。本文所主张的时空修复理论结合中国现实情境的适应性修正，有效地区分了时空修复的经济维度与非经济维度，明晰资本运作的同时，关联分析了政府在资本运作过程中的作用。中国特色抑或旅游情境给予了该理论更大的精进空间，有助于马克思主义地理学理论的中国化探讨。

四、应用价值和经济、技术、社会效益

文章完善了时空修复的理论框架，对滨海旅游地的旅游发展演化进行了深描，部分回应了消费市场的理性回归对度假地的可能影响。

学术论文类

——二等奖（7项）

千岛湖旅游地聚居空间特征及其社会效应

作　　者：杨兴柱，孙井东，陆林，王群
依托单位：安徽师范大学
成果类别：集体成果

一、研究内容

聚居空间特征和社会效应研究是深入理解旅游地人居环境系统演变机制与社会调控的关键所在。本成果以千岛湖为案例，辨析了旅游地聚居空间演化经历外部扩展和内部重组双重过程。识别和划分居住社区类型，测算居住社区空间分异度，揭示了旅游影响下典型聚居区分布格局。从居住满意度、社会交往和社会融合等方面，构建了聚居空间社会效应指标体系。

研究发现：（1）伴随着社会经济转型、旅游产业发展与城市更新的不断推进，千岛湖镇聚居空间发展经历了 5 个发展阶段。（2）识别了 76 个基本空间单元，将 76 个居住小区划分为乡村社区、商住混合社区、老旧住房社区、一般商品房社区、高档商品房社区、高档别墅区、旅游度假社区 7 种类型。（3）城市居住空间分异现象存在于旅游地聚居空间。千岛湖镇聚居空间呈现圈层结构分布模式，从湖岸到中心城区，居住等级逐渐降低，乡村社区呈扇形镶嵌于主城区居住空间结构上，老旧住房社区和旅游度假社区分布于千岛湖镇外围。（4）旅游发展导致了聚居空间社会分异，引致旅游地传统社会关系的裂变分化，进一步影响聚居满意度、社会交往和社会融合。

二、研究框架和研究方法

研究框架如下图所示。

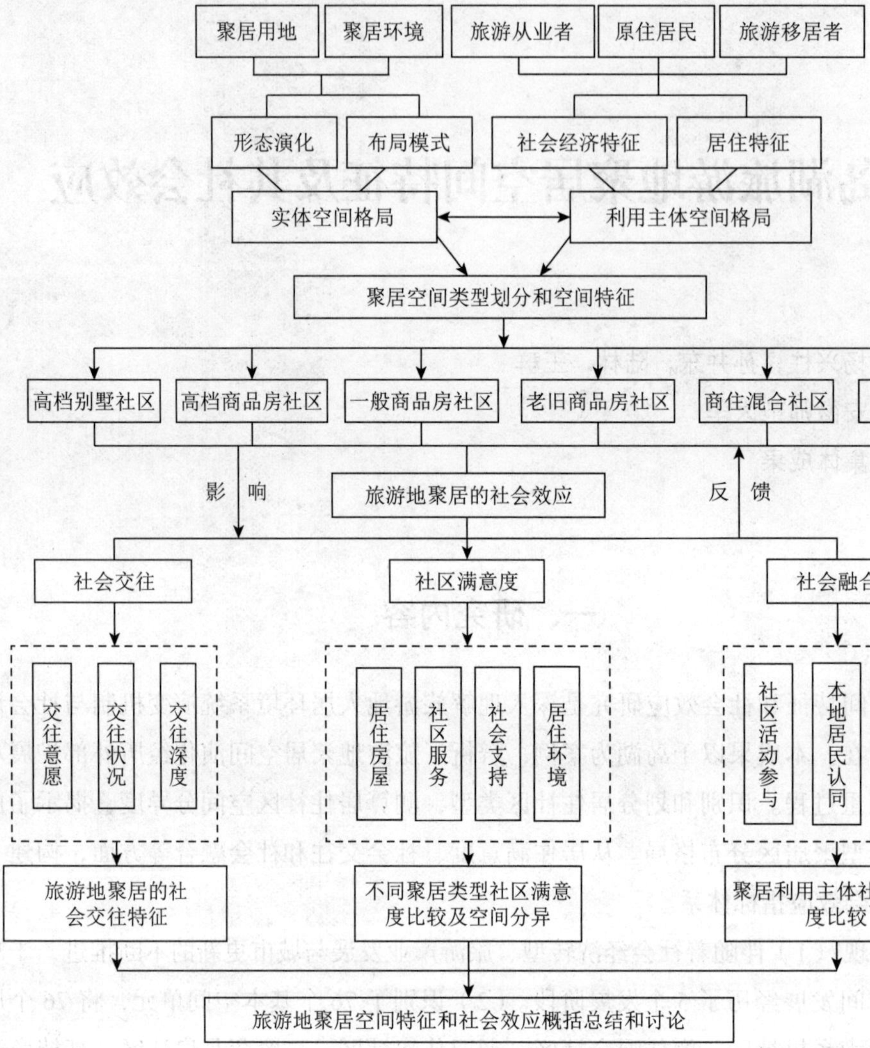

聚居用地　聚居环境　旅游从业者　原住居民　旅游移居者

形态演化　布局模式　社会经济特征　居住特征

实体空间格局　利用主体空间格局

聚居空间类型划分和空间特征

高档别墅社区　高档商品房社区　一般商品房社区　老旧商品房社区　商住混合社区　乡村社区

影　响　旅游地聚居的社会效应　反　馈

社会交往　社区满意度　社会融合

交往意愿　交往状况　交往深度

居住房屋　社区服务　社会支持　居住环境

社区活动参与　本地居民认同　融入本地难易

旅游地聚居的社会交往特征　不同聚居类型社区满意度比较及空间分异　聚居利用主体社会融合度比较

旅游地聚居空间特征和社会效应概括总结和讨论

研究框架

立足社区尺度，应用实地观察法、访谈法、问卷调查方法，从住宅建筑时间、建筑性质、所在位置、建筑风格、物业费用、住宅设施拥有情况等物理指标，对 76 个居住小区类型进行识别和划分。采用分异指数 D，测算居住社区空间分异度。从居住满意度、社会交往和社会融合三个方面，利用 SPSS 因子分析方法，分析聚居空间社会效应，并运用 Arcgis10.2 的空间插值模块，测度聚居空间社会效应空间差异。

三、理论创新和学术价值

（1）在选题上具有重大意义。关注旅游快速发展背景下生态敏感地区聚居现象研究，深入探讨人类旅游活动因素与人居环境相互关系的研究。既是旅游管理学、人居环境科学领域亟待深入研究的重要前沿课题，也是新阶段面向国家战略需求亟待推进科学决策与创新的重大战略主题。

（2）在研究内容上具有原创性的学术价值。以往研究较多从功能主义观点出发，较少研究利用主体的行为活动规律对周边环境条件产生了什么影响。在人本主义与行为主义思潮的影响下，加强基于空间利用主体以及互动关系的过程与机制分析，加强对旅游地聚居空间规律背后的非空间逻辑研究，将宏观的社会经济层面和微观的个体行为层面因素相结合，这正是本研究成果重点突破之处。

（3）在研究方法上有重要创新。引入数学建模、GIS空间分析、定量评价来描述和解释聚居现象。描述聚居系统地域分布规律，与社会学、行为科学结合解释其发生、发展机制。

四、应用价值和经济、技术、社会效益

立足旅游地聚居空间实际问题，有助于:（1）揭示案例地聚居空间变迁过程中的人地关系动态，揭示我国旅游地发展与规划中的空间冲突和社会问题，为旅游地空间资源合理利用与科学管理、人地关系协调的空间秩序建构提供理论支撑。（2）为案例区利用主体创造宜居环境吸引力，提供合适的居住环境，实现居住公平性，促进旅游地社会融合，从而为合理引导、控制和创造和谐的人居环境与可持续发展提供科学指导。

因伴而游，还是因游而伴

——老年人出游动机模型探索

作　　者：周奇美，张朝枝
依托单位：广东海洋大学
成果类别：集体成果

一、研究内容

论文立足于老龄化日渐深化对我国的社会、家庭以及个体产生巨大应对压力的重大现实背景下，考察了珠三角“城中村”老年人结伴出游呈现出人群覆盖面广、出游行为日常化、高频化以及结伴化特征的典型现象，以深度访谈法收集老年人结伴出游行为的数据，运用建构扎根理论方法进行了理论建构，发现老年人结伴出游动机存在结伴动机与出游动机两种类型。结伴动机主要基于老年人强烈的情感需求，出游动机则基于社会环境快速变化过程中产生的不适应性问题以及老年人无事可做而相对充裕的时间荒与成就缺失感，结伴动机和出游动机共同激发老年人的结伴出游行为。文章进一步总结出“失范”和“自我提升”是老年人结伴出游行为被激发的更深层原因。在老龄化问题尚未获得社会普遍关注的大背景下，严重的情感孤单现象导致老年人存在强烈的个体失范感，社会参与机会的缺失令老年人自我提升的需要得不到有效满足。在老龄化社会功能暂时缺位的情况下，老年人从自发组织的结伴出游活动中获得了情感满足与参与感，一定程度上弥合了老年人的个体失范程度以及自我提升需求得不到满足的缺憾。因而，旅游成为老龄化应对的重要方式。

二、研究框架和研究方法

（一）研究框架

（1）研究问题的提出。从老年人日常化、高频次、短途的结伴出游现象出发，结合现代社会老年人情感陪伴较为缺乏的现实问题，针对旅游结伴行为研究中忽略结伴动机与出游动机的区分问题，提出三个研究问题：老年人结伴出游行为中结伴动机与出游动机的区别；结伴动机与出游动机激发出游行为机制的差异；在结伴动机与出游动机交织下形成的结伴出游行为的本质又是什么。

（2）研究问题的解决。为了识别出老年人旅游动机与结伴动机的差异，运用了访谈法和观察法收集老年人的出游动机数据，采用了扎根理论方法对访谈文本逐句编码。运用聚焦编码梳理出结伴动机、出游动机激发结伴出游行为的不同机制。运用理论编码方法提炼出案例最本质的动机：失范和自我提升，从而解决第三个研究问题，即结伴动机与出游动机交织下形成的结伴出游行为的本质在于个体对失范和自我提升的需求。

（3）研究问题的深化。在与 Dann、Crompton 等人的经典动机模型的对话中，提炼出“结伴出游视角下的旅游动机模型”，扩大了 Crompton 经典出游动机模型的解释边界，即旅游需求的满足既可从打破日常的出游中获得，也可以从延续日常人际交往环境的结伴出游行为中得到满足。

（二）研究方法

（1）数据收集方法。采用了深度访谈法和观察法。于 2016 年 1—12 月分三次深度访谈了 30 位受访者，并在 2016 年 12 月 31 日参与了一次结伴出游活动。尽量选择在自然情境下开展访谈，收集了翔实的访谈数据以及观察笔记。

（2）资料分析方法。采用了建构主义扎根理论的分析框架。在访谈结束后即将录音逐字转译为文本，并及时对数据编码。使用了初始编码、聚焦编码和理论编码 3 个编码过程。共得到 250 个初始编码、83 个聚焦编码和 11 个类属。理论编码阶段形成了结伴动机和出游动机两个动机激发过程的因果解释模型。作者在与旅游动机经典文献及模型比较、整合、提炼的基础上，发展出“结伴出游视角下的旅游动机模型”。

（3）理论饱和度检验。一共 4 次往返案例地，第 4 次后，发现模型中的类属发展得相当丰富，未发现新的重要的类属和关系，认为理论已经饱和。

三、理论创新和学术价值

（1）文章结合老龄化应对的重大议题提出旅游已成为老龄化应对的重要方式，指出老年人旅游研究是老龄化应对议题的重要构成，呼吁旅游研究应结合老龄化应对这个无可回避的重大现实问题加以开展，提升旅游研究对主要社会现实问题的回应能力，构建旅游反映、解决重大社会问题的功能体系，提升旅游学科的学科地位。

（2）文章另一理论贡献在于扩大了 Crompton 经典出游动机模型的解释边界，指出旅游需求的满足既可从打破日常的出游中获得，也可以从延续日常人际交往环境的结伴出游行为中得到满足。与大部分研究更关注陌生、新奇、刺激环境下的旅游行为存在差异，作者提出旅游研究应回归熟悉与陌生兼具的二元一体的本质，为构建科学而全面的旅游研究体系服务。

四、应用价值和经济、技术、社会效益

（1）研究指出旅游具有应对老龄化问题的重要社会功能，为老龄社会背景下旅游应对老龄化问题等重大宏观决策的制定提供坚实的理论依据。

（2）研究提供了一个在老年人消费能力范围内，满足老年人群体人际交往和出游需求的旅游方式，对于推动积极老龄化、关爱老年人、缓解老龄社会压力、增进老年人福祉具有重要的社会借鉴意义。

参观纪念性景观的内心矛盾：旅游限制与旅游动机的关系研究

作　　者：郑春晖，张捷，钱莉莉，Claudia，张宏磊，颜丙金
依托单位：广州大学
成果类别：集体成果

一、研究内容

人类苦难遗址作为一类特殊的文化景观和象征空间，是人类宝贵的记忆遗产。为了把所承载的记忆世代相传，增强国家认同，多国政府把此类遗址列为重要的爱国主义教育基地，并自上而下地推广以遗址为吸引物的遗产旅游或黑色旅游。然而，随着时间的流逝，其所承载的意义可能被遗忘，因此研究公众的知觉与参观决策意义重大。本文实证分析了纪念性景观参观决策中“正（旅游动机）”与“反（旅游限制）”因素的作用机制，系统分析了中国传统文化禁忌、儒释道、死亡观和爱国主义精神与情怀，在公众考虑是否参观时各自所扮演的角色，为政府提升遗址纪念地和象征空间的参观体验与神圣性，发挥纪念地增强公众的国家认同感提供参考。

二、研究框架和研究方法

研究框架：依据人本主义地理学、旅游学等相关理论，从公众知觉视角，探索纪念性景观旅游决策中旅游动机的 3 个维度与旅游限制的 7 个因子之间的关系，分析旅游者复杂的心理活动，有助于深化人与特殊文化景观关系的研究。

研究方法：选取爱国主义教育基地南京大屠杀遇难同胞纪念馆为案例地，连续多

年对案例地进行跟踪调查，多次走访纪念馆，积累了大量资料和数据。同时，利用 ROST Content Mining 6 等内容挖掘软件，对网络博客、微信、图片等文本进行内容分析，获取纪念性景观知觉的共现高频词，随后生成语义网络图，并系统地构建纪念性景观知觉测量的指标体系和问卷量表，统计分析决策中动机与限制的关系。

三、理论创新和学术价值

对于特殊文化景观及其载体的文化认同是当代地理学和旅游研究的重要主题。探究纪念性景观与人类互动的过程，对于集体记忆与国家认同等具有重要意义，是亟待解决的重要科学问题。然而，相关研究与实践多集中于纪念地建筑形式、景观美学等功能主义视角，而较大程度上忽视了灾难地作为纪念性景观的特殊性、忽视了人本主义视角下灾难地社会建构过程中主体知觉的复杂性；多关注吸引旅游者参观的因素，而忽视阻碍公众参观的因素，并且极少从“正（动机）”和“反（限制）”两方面来综合研究。本文创新性地从知觉视角，分析第三代记忆群体是如何感知政府自上而下所建构的纪念性景观，有助于深化基于知觉的纪念性旅游景观研究。

四、应用价值和经济、技术、社会效益

灾难遗址纪念性景观的建构对于任何国家的记忆社区构建和国家认同都至关重要。本文有望为加强纪念性景观的设计、空间规划、解说系统设计、故事讲述、提升主体体验和国家认同等提供参考，以进一步发挥纪念性景观和象征空间在增强国家认同、呼吁世界和平正义、增强社会文化意义认知等方面的重要作用。

民宿众筹融资成效影响因素研究

——基于民宿众筹支持者的感知利得和感知利失

作　　者：王璐，殷杰，郑向敏

依托单位：华侨大学

成果类别：集体成果

一、研究内容

本研究基于民宿筹资狂热以及民宿众筹是民宿筹资的重要渠道的背景，以“开始吧”的民宿众筹项目为数据来源，收集 2016 年 5 月 1 日到 2017 年 5 月 1 日的 138 个民宿众筹成功项目为研究样本，基于民宿众筹支持者感知价值视角，运用有序多分类 Logistic 回归模型分析民宿经营地域、民宿经营模式、民宿众筹发起团队、民宿众筹回报方式、民宿众筹项目热度、民宿众筹时间成本以及精力成本等要素对民宿众筹融资成效的影响。

二、研究框架和研究方法

感知价值对行为意愿具有重要影响。本研究基于感知价值理论，探究影响民宿众筹支持者感知利得和感知利失的因素，进一步分析影响民宿众筹支持者感知价值的重要因素，从而分析民宿众筹融资成效影响因素。研究模型如下图所示：

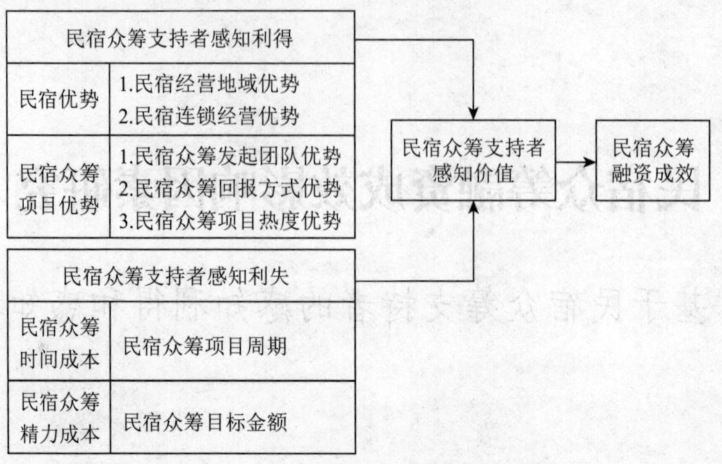

研究框架

根据民宿众筹融资成效等级的有序性和离散性特点，本研究选用 Logistic 有序回归的方法建立民宿众筹融资成效与其影响因素之间的关系模型，运用 SPSS 20.0 对收集的数据进行模型检验和回归计算。

三、理论创新和学术价值

民宿众筹与传统旅游投资最大的区别是参与众筹人员感性强于理性。传统的旅游投资研究更多借助经济学理论，较少研究旅游投资者心理情感，本研究以感知价值理论为基础，结合民宿众筹支持者内心的情感特性，分析民宿众筹支持者参与众筹的意愿，进一步探究民宿众筹融资成效的影响因素，是对感知价值理论运用的创新，旅游投资研究领域的丰富。

四、应用价值和经济、技术、社会效益

当前我国多数民宿难以获得经营许可证，无法到银行办理贷款获得资金支持，民间发起的众筹成为其重要的资金获取途径。本研究通过研究民宿众筹融资成效影响因素，可以进一步指导民宿众筹发起人提高民宿众筹融资成效，帮助民宿经营者解决经营中的资金问题，引导民宿业态健康良好发展。

基于责任旅游的中国出境游客对目的地的影响研究

——以泰国曼谷为例

作　　者：龚箭，Pornpen David W.
依托单位：华中师范大学
成果类别：集体成果

一、研究内容

本论文借鉴可持续菱镜模型，从经济维度、社会—文化维度、环境维度三个方面构建了负责任旅游评价的模型，探究曼谷居民对中国游客的负责任旅游行为影响的研究，在实践上延展了中国出境游客的特定人群分析，为东南亚等主要入境目的国接纳中国游客而提升本地人福祉提供可行路径；在理论上延展了负责任旅游的研究，丰富了可持续旅游的文献发展。

二、研究框架和研究方法

本文采用混合研究方法（定量和定性结合）来评估曼谷居民对中国游客的负责任的感知，通过对 10 个居民进行半结构化的访谈，同时借鉴可持续旅游框架，分析确定了负责任旅游框架以及构成的三个维度，并随后对曼谷三个景点共 162 位居民进行问卷调查。

三、理论创新和学术价值

（1）泰国居民认为中国游客在经济维度是负责任的，认可中国游客对泰国本地就业、居民收入提升的正面影响。

（2）但整体上，泰国居民对中国游客的负责任行为感知是负面，经济维度对整体感知的影响并不显著。

（3）社会文化和环境行为维度的负责任感知是负面的，其中环境维度是预测居民整体负责任行为感知的最关键因素，其次是社会文化维度，但经济维度的感知对这一预测并不显著。

四、应用价值和经济、技术、社会效益

应用价值:（1）从跨文化视角探究负责任旅游的行为和影响，本文的研究结论发现，对于泰国等中国出境旅游的热点旅游目的地，当地居民更关注中国游客带来的环境、社会文化的潜在负面影响，而不是中国游客带来的经济收益等，所以中国的文化和旅游主管部门要更多地关注跨文化的冲突，出台和鼓励中国游客的文明旅游行为细则，鼓励游客出行前学习和了解目的地的风土人情和行为准则，来减少文化冲突引起的负面影响。（2）借鉴可持续旅游评价体系，发展和构建了负责任旅游评价的理论体系。（3）中国和泰国旅游相关部门均可以根据本研究的框架和体系从居民视角对游客负责任旅游行为感知进行测量和预测，有利于旅游目的地的可持续发展。

经济和社会效益：该研究成果被泰国国家旅游局采纳，泰国近年来整顿入境旅游市场，加大力度对中国入境团队的某些“低价游”“不负责任行为”进行治理，本研究成果有利于泰国入境旅游市场的整顿和优质发展。该文的第二作者是华中师范大学泰国旅游管理硕士专业的留学生，该生专业素养高，对华友好，能说流利的中文、英文和泰文，由于该篇论文的研究成果和良好的专业素养，在 2019 年 5 月入职泰国国家旅游局海外推广部，成为连接泰国与中国文化和旅游交流的民间使者。

中国旅游精准扶贫经验：对旅游小微经营者的合理区分与有效支持

作　　者：梁增贤，保继刚

依托单位：中山大学

成果类别：集体成果

一、研究内容

中国旅游扶贫经验具有广泛的国际借鉴价值。扶持和鼓励当地旅游小微企业经营者是实现旅游扶贫的有效形式。中国地方政府普遍采取一种称为旅游精准扶贫的模式（TPATD），即在实际操作中倾向于将有限的扶贫资源和政策集中用于特定的旅游小微经营者，提高他们的经营绩效，树立榜样，从而带动其他人脱贫。采取这种旅游精准扶贫方式需要解决两大关键问题：第一，谁是目标的重点扶贫对象；第二，如何有效地提高他们的经营绩效。为此，本文以河南焦作云台山为实证案例，揭示中国地方政府在实际操作中是如何遴选扶贫目标对象，又是如何设计具体的扶贫措施的。

二、研究框架和研究方法

本文基于前人研究，建立了旅游小微企业绩效的内外部影响因素分析框架，包含内部和外部因素，其中内部因素包括企业家的和企业的因素两类。本文采用案例研究策略，以焦作云台山风景区及周边社区为案例，于2016年通过对当地5个社区388个旅游经营户的273位旅游小微经营者的问卷调查，以及地方政府、旅游景区和社区精英的深度访谈开展实证研究。

三、理论创新和学术价值、应用价值

本文取得明显的理论创新：第一，回答了中国旅游精准扶贫模式中的两大关键问题，即目标扶贫对象的识别与扶贫措施的针对性设计。本文指出，旅游小微经营者可以划分为封闭自主者、随波逐流者和开放自学者，而影响他们绩效的因素主要有经营能力、领导力、创新力、社会关系、政府扶持、个人自主性、控制点。其中，提高经营者经营能力和创新力是帮扶的关键所在。第二，建立和解释了中国旅游精准扶贫的行政逐级发包制，指出县一级政府是该模式的关键节点。第三，补充和完善了关于旅游小微经营者经营绩效理论，建立了旅游小微企业绩效的内外部影响因素分析框架。

四、应用价值和经济、技术、社会效益

在实践上，第一，明确指出，没有通用的旅游扶贫措施可以适用任何地方、任何个人。中国模式的核心在于因地制宜、因人而异，根据当地情况具体设计。第二，因地制宜的关键环节在于县一级政府。县一级政府在遴选目标扶贫对象和制定扶贫措施上具有很大的自主权和灵活性，可以整合各个纵向部门下达的扶贫任务和扶贫资源、政策，打包成更具针对性的一揽子扶贫措施，集中用于目标扶贫群体，实现精准扶贫的效果。因此，提高县一级政府的扶贫能力是提高旅游精准扶贫效果的关键所在。第三，因人而异就要根据扶贫对象的能力和资源结构进行针对性设计，树立致富榜样，先富带动后富是有效途径。第四，政府的帮扶措施和行为应该更加透明可见、更具针对性，并被社区居民广泛认可。

外来饮食文化影响下广州本地居民地方身份建构过程的代际差异

作　　者：罗秋菊，丁绍莲，潘珂
依托单位：中山大学
成果类别：集体成果

一、研究内容

在全球化与旅游全域化背景下，饮食文化的空间问题已开始引发人文地理学界的关注。虽然国内地理学者已经关注了人与特定地方的情感联系，但对情感的空间性和社会性问题仍需更加深入的案例剖析和理论化的研究。改革开放后广州作为前沿的城市，随着外来文化的大量涌入，不仅广府饮食文化受到外来饮食文化的撞击，而且老一辈与新一辈在对待外来饮食文化的态度与响应也具有差异性。由此，本研究提出的研究问题的是：在本土文化不断受到外来饮食文化冲击的背景之下，作为同属广州居民的不同两代人，他们会对此分别做出何种反应和回应？他们又是如何通过饮食中的博弈关系来建构“广州人”地方身份标签？代际差异的鲜明是否引发饮食态度上的迥异？那么，本土文化在异文化的侵袭和浸染之下又以何种对策得以传承和传播？因而，该研究问题的解答具有较强的现实意义与人本价值。

二、研究框架与研究方法

本文借助身份建构过程模型理论（Identity Process Theory，IPT），该模型融合了莫斯科维奇的社会表征理论和传统的身份认同理论，突破了传统心理学对个体认知心理和传统社会学对身份认知解释的局限性。该分析模型正好契合身体地理学、情感地理学等理论流派对空间实践的主体性以及人对空间的感知和情感洞察的理论诉求，能够帮助研究者更加清晰地窥探到人对环境的感知和情感的生发机制，窥探到有意识的人类实践活动和地方之间的互动关系。因而，将该模型理论的引入本研究，具有较强的跨学科探索性与实践创新性。

在研究方法上，本文通过对38位广州本地人的深度访谈，阐释外来饮食文化对其身份建构过程的影响及代际差异。

三、理论创新和学术价值

在文化与旅游融合发展的理论创新上，通过交叉学科理论尝试以比较视角动态地关注不同代际个体的身份界定、建构和调适途径及过程，既突破传统社会学关于身份问题研究的结构功能主义局限，也增强了跨学科理论探索的融合性与创新性。在学术价值贡献上，该研究从饮食文化空间角度，强化对人地关系研究中的情感性与社会性。同时，从地方文化的传承研究角度，以对不同代际人群的个体心理过程的关注和解析，不仅可为传统社会学关于社会互动和身份问题的认识提供更清晰的图景，也对传统文化的代际传承以及文旅融合发展研究，具有较强理论参考与实践价值。

四、应用价值和经济、技术、社会效益

该研究的应用价值与社会效益为：（1）可以透过对文化主体惯习、情感等具身性的关照而以更加人性化的策略推动文化的传承。（2）在旧城的改造与更新的政策上，可注重家庭在传统文化保护与传统中的重要作用，使旧城更新变得更人性，减少更新中的社会成本和道德成本。（3）通过揭示外来饮食文化影响下本地居民身份建构过程和策略，为旧城更新中的饮食文化传承实践提供参考。

学术论文类

——三等奖（10 项）

旅游小企业成长路径及其驱动机制

——以世界文化遗产地宏村为例

作　　者：尹寿兵，郭强，刘云霞
依托单位：安徽师范大学
成果类别：集体成果

一、研究内容

借助企业成长理论，以世界遗产地宏村为案例地，探求遗产地旅游小企业成长路径及其驱动机制。社区居民利用民居开展经营，实现了身份转化和场所转变，创立了旅游小企业。发展过程中，受遗产保护限制和市场竞争压力，旅游小企业主群体分化，成长意愿不足的小企业主通过租售退出市场，推动新的小企业创立；具有成长意愿的旅游小企业通过模仿创新、代际传承、连锁扩张、抱团经营和品牌加盟等路径实现企业成长。研究发现，一体化、多元化、跟随、抱团等企业成长战略，以及家族企业的内部传承等共同构成了旅游小企业成长路径；同时，遗产保护、市场消费升级等旅游发展因素驱动了旅游小企业成长的循环更新。

二、研究框架和研究方法

（一）研究框架

在梳理国内外研究成果的基础上，以旅游小企业“创立—成长意愿—成长路径”和“创立—经营困难—退出市场”的两条循环发展路线为主轴，以案例地实证研究为支撑，归纳出旅游小企业选择模仿创新、代际传承、连锁扩张、抱团经营、品牌加盟 5 种成长路径。

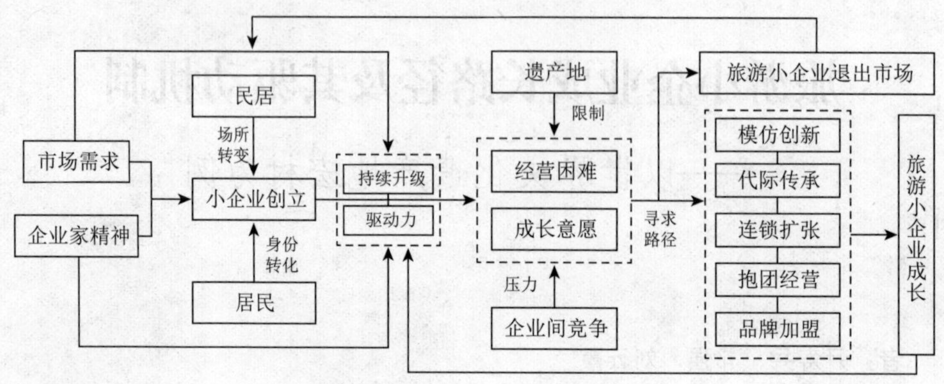

旅游小企业的成长路径及其驱动机制

（二）研究方法

采用深度访谈、非参与观察法。访谈提纲包括企业经营动机、经营变化、进入门槛、经营困境、企业成长过程与影响因素等。非参与观察主要是了解各企业的空间分布、产品经营类型、企业设计风格等，并进行对比和记录。

三、理论创新和学术价值

本文研究发现，宏村旅游小企业在创立和成长过程中通常会采取模仿创新、代际传承、连锁扩张、抱团经营和品牌加盟 5 种路径方式实现企业可持续成长。在企业家精神和市场需求内外力驱动下，宏村旅游小企业得以产生。在企业成长过程中，呈现出两个方向。一是企业主拥有企业成长意愿，或者伴随于旅游市场升级、企业竞争和遗产保护等外在压力时；二是企业主的企业成长意愿不足，并且企业面对多种生存压力下，将企业或者房屋租售给其他企业主时均会采取一种或多种路径方式，实现企业可持续成长。同时，由于企业家精神和市场环境的内外部因素，导致宏村旅游小企业始终处于一种循环更新成长的过程。

旅游小企业成长路径研究是对企业经济学和旅游地理学领域的一次尝试。一般而言，旅游小企业主集企业所有权和经营管理权于一身。不同类型的企业家、不同性质的企业家精神作为内在动力，在不同时段和不同环境背景下，持续推动着宏村旅游小企业的产生和成长。同时，在宏村旅游小企业成长初期自身创新资源不足或者成长的困难转型时期，通过模仿创新的企业成长路径，能够快速有效地积累知识和技术，内化为企业成长的资源。利用市场对品牌的认可，采取品牌加盟的方式，可达到快速占领市场份额的目的。宏村二代旅游小企业主在继任父辈企业基础上“二次创业”的企业代际传承成为宏村旅游小企业特殊的成长路径。

四、应用价值和经济、技术、社会效益

本文的研究结论能够更清晰地分析宏村旅游小企业发展的过程与驱动机制，为现实的行业管理提供理论依据。同时，为深入剖析遗产地旅游小企业发展和社区参与提供案例支撑。

旅游业跨国投资与经营研究进展与展望

作　　者：宋昌耀，厉新建
依托单位：北京第二外国语学院
成果类别：集体成果

一、研究内容

经济全球化趋势下旅游业跨国投资与经营蓬勃发展，在世界旅游业发展过程中发挥着重要作用，但学术界对该领域的研究却往往被忽视，研究成果与旅游业跨国投资与经营实践的迅速增长形成强烈反差。该领域的深化研究需要构建宏观的分析框架，需要准确把握研究的转向趋势和突破方向。

旅游业跨国投资与经营作为企业的一种商业行为，遵循着以企业为主体的“主体—动因—过程—效应”的发展过程。文章将已有文献分为主体研究（是谁）、动因研究（因为什么）、过程研究（做什么）和效应研究（有什么影响）四大领域，并按照这一企业行为逻辑和分类方式构建旅游业跨国投资与经营的理论框架，进而综述各领域的主要研究内容与观点。

旅游业跨国投资与经营研究具有微观主义转向、文化制度转向和实用主义转向三种研究趋势。旅游业跨国投资与经营的研究需要更加深入与精细。未来研究应当积极采用第一手数据和企业层面的数据，创新研究方法，深入研究新兴经济体旅游业跨国投资与经营的特征规律，加强旅游业跨国投资与经营的综合动因研究、区位研究、进入模式研究以及效应研究。

二、研究框架和研究方法

在强调旅游业跨国投资、经营实践与研究不匹配的基础上，基于旅游业跨国投资与经营的行为逻辑，构建旅游业跨国投资与经营“主体—动因—过程—效应”的综合研究框架，进而全面梳理相关文献、总结研究趋势，并提出未来研究方向。

研究方法为文献分析法。在中国知网、Science Direct、Google Scholar 等数据库进行同时检索，按照相关性、有参考文献、有案例等标准筛选后，获取中英文文献百余篇，系统梳理了该领域国内外研究状况。

三、理论创新和学术价值

第一，首次对国内外旅游业跨国投资与经营文献进行全貌式梳理，全面总结旅游业跨国投资与经营的研究经验。

第二，创新性地构建旅游业跨国投资与经营“主体—动因—过程—效应”的综合研究框架，这一整合了微观主体与宏观环境的综合分析框架可以为后续研究提供定位和标尺。

第三，建设性地总结旅游业跨国投资与经营的研究趋势并提出未来应当深化研究的方向，为后续研究提供参考。

四、应用价值和经济、技术、社会效益

为政府相关部门制定旅游业跨国投资与政策提供了综合框架，提供发展旅游业跨国投资与经营所产生的效果维度，并启示其应当从微观与宏观相结合的角度考虑政策的有效性。

有助于企业形成分析框架，全面考虑和应对旅游业跨国投资与经营不同阶段（业态、时机、区位和模式选择）所面临的影响因素、障碍与挑战，并启示其跨国投资与经营行为可能产生的效应。

现代性视域下古镇旅游场中的怀旧旅游体验研究

——以安仁古镇为例

作　　者：余志远，游姣
依托单位：东北财经大学
成果类别：集体成果

一、研究内容

从现代性的视角审视怀旧、现代性及古镇旅游场之间的关系。文章分析现代性所带来的后果，并诠释现代性是造成现代人怀旧的重要因素，而古镇旅游可以帮助现代人暂时性地摆脱当下困境，获得归属感、家园感。该部分的分析还为本研究提供了一个逻辑框架，即解释了现代性理论和古镇作为研究案例地的适用性。

古镇旅游者怀旧情感触发媒介的识别与唤起机制分析。文章运用类属分析的方法归纳提炼得到引发古镇旅游者怀旧情感之源，包括个人怀旧源和集体怀旧源两大主类目及其之下的各种次类目，并结合具体情境进一步阐释了它们为何能给旅游者带来怀旧的情感。

古镇旅游者怀旧旅游体验的类属分析。本文分析并获得古镇旅游所带给旅游者的怀旧旅游体验类型，包括日常生活世界的补偿体验、复归精神家园的体验、反思性体验和身份认同建构的体验等。

二、研究框架、研究方法

本研究关注到当前社会上出现大量的怀旧现象，其中包括近年来日渐盛行的怀旧旅游现象。通过文献梳理，提出有必要从现代性理论视角展开对古镇旅游者怀旧旅游体验问题的探索。文章首先回顾怀旧的内涵，分析怀旧、现代性和古镇旅游场之间的关系，借此为本研究设计中为何采用现代性理论以及为什么选择古镇作为案例地等问题提供理论解释。基于安仁古镇游记的类属分析，围绕古镇旅游者的怀旧体验，识别了古镇旅游者怀旧情感的触发媒介及作用机制。在此基础上，进一步提炼怀旧旅游体验的类型并结合现代性理论给予深度解释。

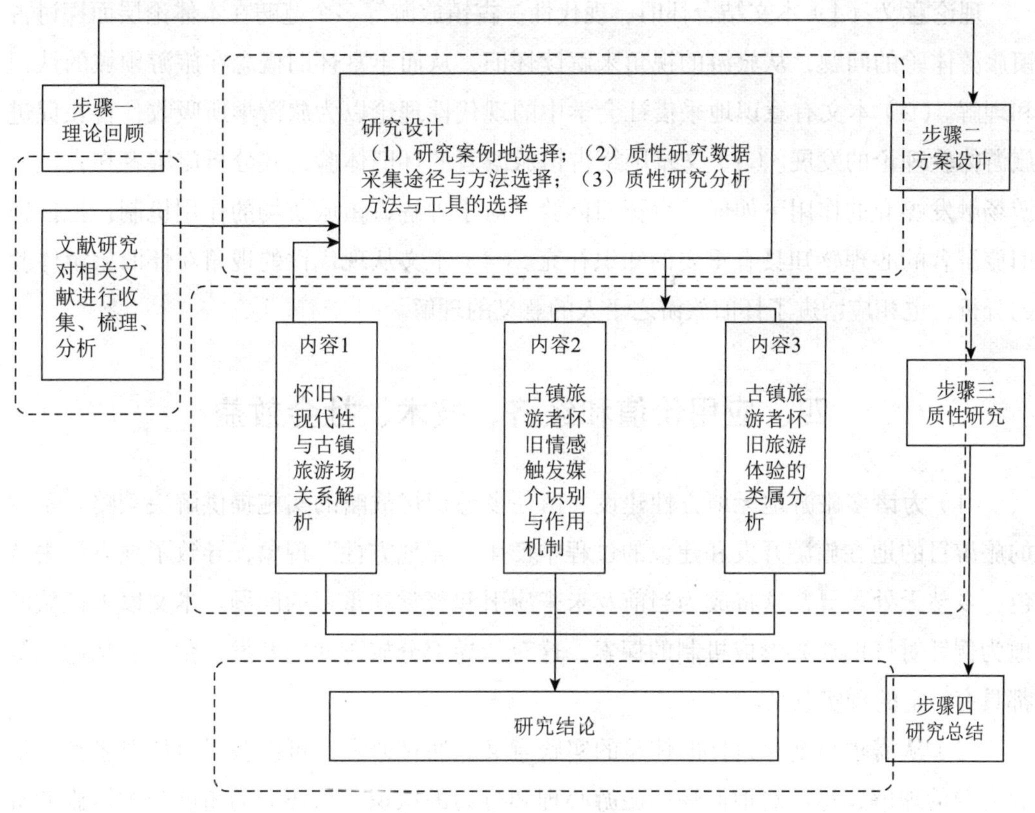

研究技术路线

本文甄选58篇游记作为分析文本，使用类属分析法、话语分析对其进行编码归类，获得类属与概念，并通过其内在关系的分析建立相关理论联系，所依托的分析软件为Maxqda10。

三、理论创新和学术价值

理论创新:(1)对怀旧、现代性和古镇旅游场之间的关系作了理论阐述，从而揭示了怀旧的根源以及古镇旅游场可以成为现代旅人消解乡愁的情感空间。(2)首次比较系统地识别并论述了让古镇旅游者产生怀旧情感的主要因素和作用机制，并对怀旧旅游体验的类型进行了完备性的归纳。

理论意义:(1)本文结合怀旧、现代性、古镇旅游等多个范畴在本体论层面探讨古镇旅游体验的问题，从旅游的视角来解读怀旧，从而丰富怀旧概念在旅游领域的认识和理解。(2)本文有意识地采借社会学中的现代性理论以为旅游学所吸收，旨在促进旅游体验理论的发展。(3)文章围绕古镇旅游者的怀旧体验，并分析旅游者在古镇旅游场触发媒介的作用下如何获得怀旧体验，对于理解古镇旅游场的作用机制，把握怀旧旅游者的心理感知具有重要的知识补充。(4)本文从现代性的视角对怀旧旅游体验的分析，也相应增进了怀旧旅游之于人的意义的理解。

四、应用价值和经济、技术、社会效益

(1)为诸多旅游地无地方性建设、留住乡愁记忆战略的实施提供解决策略。不少的旅游目的地在旅游开发和建设的过程中产生“无地方性”现象，导致了地方失去特色，乡愁无处可寻，这将成为当前及未来应引起警觉和重视的问题。本文以古镇旅游地为例针对怀旧旅游形成机制的探索，这对指导部分旅游地的开发、留住乡愁记忆等都具有一定的现实意义。

(2)从需求角度探讨怀旧体验的实践意义。通过研究，可以获得对旅游者怀旧体验之源的理解，增进对他们怀旧旅游心理和行为的认识，从怀旧的角度为古镇旅游资源开发重点指明方向，为怀旧旅游场的塑造、怀旧旅游产品的设计提供参考。

可持续旅游动态演化稳定策略分析

作　　者：何鹏，何勇，徐菲菲
依托单位：东南大学
成果类别：集体成果

一、研究内容

随着社会经济的高速发展，人们的生活水平得到不断提升，这在很大程度上刺激了我国旅游业的发展。与此同时，随着环境污染的加重，人们也越来越关注自身旅游活动对生态环境带来的负面影响。为了减少环境污染，促进绿色旅游发展，本文主要研究地方政府、旅游企业以及游客的绿色旅游相关决策。根据旅游利益相关者间的长期动态博弈，我们分别分析了地方政府的绿色监督策略、旅游企业绿色创新策略以及游客绿色服务购买策略的长期稳定性。

二、研究框架和研究方法

本文主要通过建立地方政府、旅游企业和游客之间的动态演化博弈模型，以探索一种有效的政府绿色旅游监督机制，以促使我国传统旅游向绿色旅游发展。根据三重底线理论，我们将绿色偏好、品牌收益、政府公信力等引入到消费者、旅游企业、地方政府的效用函数中，并构建了三方博弈收益矩阵。在此基础上，我们对地方政府的绿色旅游监督策略、旅游企业的绿色创新策略以及游客的绿色旅游服务购买策略进行了稳定性分析，并给出了相应的演化稳定条件。最后分别探讨了在有和没有政府绿色旅游监督机制情况下，旅游企业和游客间的长期演化稳定策略，并给出了使得三方主体都愿意参与绿色旅游活动的政府监督强度条件。

三、理论创新和学术价值

该论文发表在国际旅游服务管理领域顶级权威期刊上。该研究主要将可持续管理理论、演化博弈理论、消费者行为学、绿色旅游、三重底线理论（Triple Bottom Line）以及政策管理进行结合研究，并拓展应用到旅游服务领域。该论文是首次将运营管理方法演化博弈论与生态旅游学结合的跨学科交叉研究，为将来的跨学科研究奠定了基础。目前，该论文已经得到许多国内外专家的认可和引用。

四、应用价值和经济、技术、社会效益

首先，我们的研究表明利益相关者的决策在一定条件下可以相互影响。有趣的是政府的监督行为不能直接影响游客的购买决定，但可以通过促使企业进行绿色创新，从而间接影响游客购买绿色服务产品的决定。研究结果强调提高旅游企业的品牌收益和游客的绿色偏好是一种非常有效地刺激旅游利益相关者采用绿色旅游的措施。其次，旅游利益相关者参加绿色旅游的初始状态只会影响参与者的短期决策，而演化稳定条件会影响每个参与者的长期决策。此外，我们给出了绿色监督强度最佳条件，以实现理想的绿色旅游演化稳定状态。我们建议政府可以首先在旅游规模相对较小的地域实施绿色监督机制。该研究成果有利于帮助政府实施可持续旅游发展政策，促使我国现代绿色旅游的发展，改善生态环境。

构建展会依恋模型：动机、依恋和忠诚度

作　　者：易小力，付萧萧，靳文敏，Okumus F.
依托单位：暨南大学
成果类别：集体成果

一、研究内容

地方依恋是一个经典的概念，在文化地理、旅游管理、环境心理等领域受到广泛的关注。以往的研究主要关注不同尺度的地方依恋及其与其他构念之间的关系，然而，如果将地方依恋应用于或引入到展会领域，是否会有展会依恋的存在呢？围绕这一研究问题，本研究选取中国深圳的文博会作为案例，力图从参展观众的角度提出并验证会展依恋这一新概念，进而分析推 / 拉动机、会展依恋、会展忠诚之间的关系。

二、研究框架和研究方法

通过构建有关的概念模型，并运用结构方程模型进行分析，我们发现：参展观众的拉动机和推动机是相互影响的，拉动机显著正向影响展会依赖，而推动机不显著正向影响展会依赖；拉动机和推动机都不显著影响展会认同；展会依赖显著正向影响展会认同和展会忠诚，而展会认同显著正向影响展会忠诚。

三、理论创新和学术价值

本研究的理论创新与学术价值包括如下两个方面：首先，本研究是在中国进行展会依恋的开创性研究，第一个将展会依恋概念引入会展研究领域，并探究了展览依恋

概念与其他构念之间的关系。其次，本研究还表明，展会依恋的不同维度对参展者的忠诚度有不同程度的影响；虽然展会依赖和展会认同对展会忠诚都有显著影响，但展会认同的影响程度更大。

四、应用价值和经济、技术、社会效益

不难看到，本研究的结果还为展会依恋的实践发展提供了重要的启示：首先，本研究确认了到底哪种动机类型，是推动机还是拉动机，是引发展会依恋的有效前因变量。这些信息可以让展会组织者和市场营销人员更好地了解参展观众的参展决策。其次，本研究借鉴地方依恋的概念所提出的全新概念——展览依恋，在深圳文博会的背景下证实了它的存在，极大地拓展了以往有关展会研究的范围。最后，正如地方依恋对理解游客行为至关重要一样，展会依恋和忠诚度之间关系的揭示，也有助于有关各方理解参展观众的游后行为，从而为他们提高参展观众的忠诚度提供科学明晰的指引。

中国公共图书馆资源省际分布差异性的测度

作　　者：王倩
依托单位：南京审计大学
成果类别：集体成果

一、研究内容

公共图书馆是文化中特别重要的一个领域，民众的阅读受到公共图书馆资源的影响。中国自古以来就重视民众的阅读，中华人民共和国从成立之时就对公共图书馆投入了巨大的人力、物力与财力，目的就是想通过免费提供图书资料来促进民众阅读。公共图书馆免费提供图书资料，各地区民众应该会具有类似的偏好去利用这些公共图书资源。然而，民众使用公共图书资源在省际存在结构性矛盾，如上海地区 2015 年人均接受公共图书馆服务次数居然比西藏民众高出 26 倍之多。即使把经济发展水平、民众生活习惯、受教育程度以及地理跨度等因素考虑在内，两个地区民众对免费提供的公共图书资料的使用也不应该有如此之大的差别。因此，应该从供给侧角度来考察造成这种结构性矛盾的一些原因。上海与西藏处在中国公共图书馆资源分布的两个极端上，上海公共图书馆资源相对最为充足，而西藏相对最为匮乏。这应该是决定上海与西藏的民众平均接受公共图书馆服务次数存在巨大差异的一大原因。

二、研究框架和研究方法

通过分析中国公共图书馆相关资源在省级层面的分布状况，可以洞悉出各地民众为满足自身阅读需要而可以获得的免费资源情况。根据中国经验数据测算发现省级地区公共图书馆之间在机构数、规模（图书馆平均从业人员）、基础设施（每万人所占有的公共图书馆建筑面积）、馆藏总量以及人均馆藏量、财政拨款以及人均购书费等方面存在较大的差异。

文章使用了经验研究法、数理统计法等研究方法。

三、理论创新和学术价值

民众利用公共图书资料的成本主要由空间距离造成。对于所有中国居民，所谓的"公平"的公共图书馆资源分布应该是任何一个居民在获取同样公共图书资源时，由于空间距离而花费的所有成本应该相等。很明显，这种所谓公共图书馆资源"公平"分布不可能实现，甚至连在某个地级市层面都无法实现。由于经济条件的不同以及地理位置的天然差别，中国公共图书馆资源分布在现在以及将来都无法达到这种绝对意义上的"公平"。文章阐述清楚了问题，从而具有一定的学术价值。

四、应用价值和经济、技术、社会效益

在中国省级层面测算得出公共图书馆资源分布存在差异，意味着尽管公共图书馆提供免费服务，生活在不同地区的人接受服务的成本可能完全不同。在财政拨款时，政府部门需要权衡各地区财政资金在公共图书馆资源利用所产生的边际贡献。未来，电子图书资源很可能会成为图书馆发展的方向，借助于此有望彻底消除不同地区民众利用公共图书馆资源所存在的结构性矛盾。

基于地域节庆文化特色的纪念品设计

作　　者：彭卫丽，侍锦
依托单位：青岛大学
成果类别：集体成果

一、研究内容

研究成果的主要内容是探究地域节庆文化视角下的旅游纪念品设计现状及其发展方向。结合旅游纪念品的市场现状，分析如何将地域文化有效融入旅游纪念品的设计开发中，并以青岛为例，在调查、梳理、探析青岛民俗节庆的种类、内容及其背后蕴含的文化的基础上，从运用现代设计理念、数字技术手段，融合文化创意产业，设计开发系列性的青岛民俗节庆纪念品，打造属于青岛自己的文化品牌，实现弘扬民俗文化和推动经济发展的双赢。最后对未来的旅游纪念品设计开发路径进行总结，指出旅游纪念品应更好地展示出特征性的地域文化与特有的传统民俗，这是解决地域文化资源与文化产品无法有效转化和利用问题的方法，也是提升旅游纪念品文化内涵的有效途径。

二、研究框架和研究方法

研究框架：

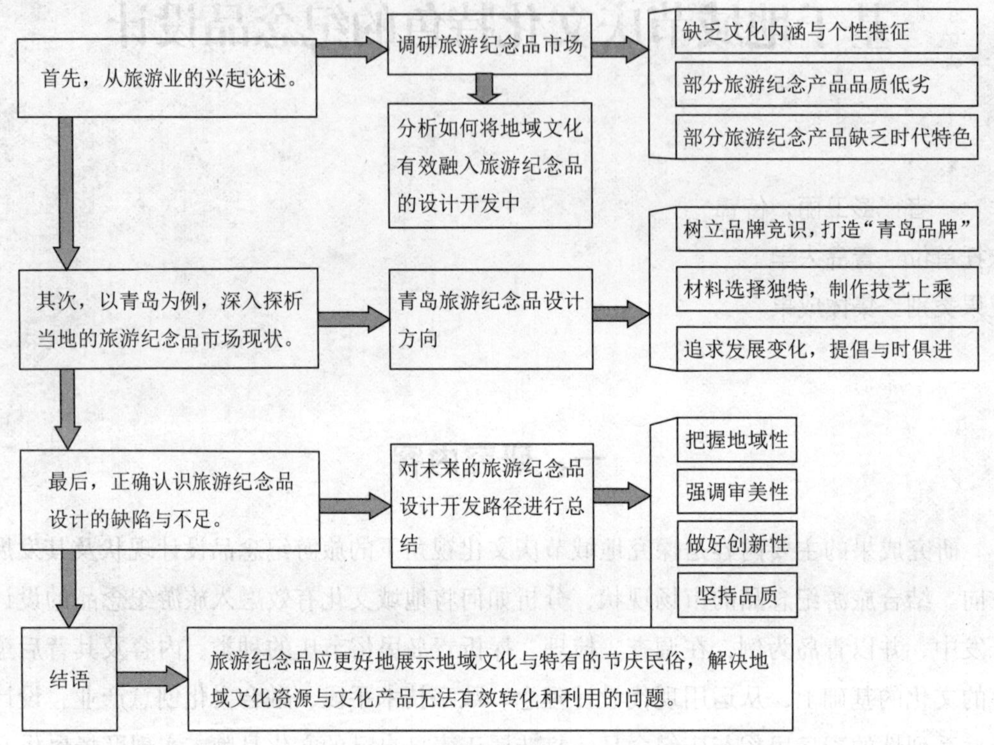

研究方法：

（1）案例调查法：深入调研旅游纪念品市场，梳理存在的问题，思考如何解决。

（2）案例比较法：把青岛旅游纪念品设计现状和全国旅游纪念品设计现状作比较，找出存在的问题。

（3）实践案例法：以青岛为实践案例，找到设计方向，将新思路运用实施，设计出产品。

强调实践案例的分析、研究、归纳，找出规律性、原则性、方法论。

三、理论创新和学术价值

（1）目前对此领域的研究，国外很少涉及。国内有关于青岛民俗文化、青岛旅游、青岛节庆方面的专著和文章出版、发表，为本课题提供了较好的研究基础。但把青岛民俗节庆和文化纪念品结合的文章和专著较为少见，青岛民俗节庆文化纪念品设计的实践案例更是鲜有。我们从青岛具有代表性的节庆活动入手，在调查青岛旅游纪念品设计现状的基础上，对青岛旅游纪念品的设计方向进行了思考和分析，撰写论文《青岛民俗节庆文化纪念品的设计研发》，希望对区域旅游纪念品的设计开发有一定的理论指导。

（2）主要理论观点：①深挖节庆主题及民俗底蕴。民俗节庆文化纪念品是本地民俗风情的浓缩，是历史和文化记忆的沉淀，在设计上要以鲜明个性和文化品位凸显地方特色。对民众来说最重要的不是实物价值，而是虚拟价值和文化纪念，注重的是人们对精神文化的需求。②注重文化纪念品的时尚性。民俗节庆纪念品并不是越土越好，越旧越好。还要体现当代人的现代生活与观念需求。民俗活动虽然是以历史为依托，以文化为底蕴，但是要紧跟日新月异发展的时代脚步，所以不仅要“土”，还要时尚。在设计上还要融合现代时尚因子和现代工艺手段。③民俗文化与产品开发联袂并进、互利共赢。民俗文化资源在逐渐趋弱，需要及时保护，并适应当代环境。另外，民俗节庆纪念品存在“同一化”严重、个性化丧失的问题。找到两者的结合点，从地域文化中吸取营养，设计出创意新颖、富有地方文化色彩的民俗纪念品，是实现保护传承与经济发展双赢的好办法。

四、应用价值和经济、技术、社会效益

（1）理论与实践并重，对青岛节庆民俗文化纪念品不局限于理论层面的梳理和探讨，通过对青岛民俗节庆文化提炼整合，结合设计相关理论，充分利用学校资源优势，进行主题性民俗节庆文化纪念品的开发设计，以此来展示青岛民俗文化，扩大其社会影响力。本项目对青岛民俗节庆所蕴含的风光物态、文化习俗及纪念品设计现状和问题进行调研和分析，以青岛传统民俗节庆“糖球萝卜会”和现代民俗节庆“海洋节”为主题，民俗底蕴与现代时尚相融合，设计开发出一系列文化纪念品，受到相关专家以及部分民众的认可和好评。

（2）成果在一些文化设计公司、博物馆、手工艺协会等机构中推广应用，使人们认识到开发好旅游纪念品或者文创产品必须与区域文化相结合，展现当地的历史文化和风土人情，同时做好生产、制作、销售等环节，从而带动旅游地区经济的增长。希望该项目的理论和实践成果能为相关领域提供指导和启发。

五台山景区酒店碳排放效率的典范对应分析

作　　者：程占红，徐娇
依托单位：山西财经大学
成果类别：集体成果

一、研究内容

酒店碳排放效率的测算可以为其实施节能减排提供参考依据。首先采用数据包络分析方法计算了五台山景区 28 家酒店的碳排放效率，其次，采用典范对应分析方法分析了酒店碳排放效率与关键性指标之间的关系。结果表明：（1）9 家酒店技术效率完全有效，15 家酒店纯技术效率有效，9 家酒店规模效率有效。（2）基于碳排放效率的差异，所有酒店可以分为碳排放效率完全型、碳排放效率较高型、纯技术效率最低型和规模效率最低型 4 类。（3）在典范对应分析图中，从第四象限到第一象限、第二象限，酒店类型依次由第Ⅰ组逐步向第Ⅱ组、第Ⅳ组、第Ⅲ组过渡，在此递变期间，酒店的碳排放效率不断降低。（4）利用典范对应分析的结果表达了关键性指标对酒店碳排放效率的制约作用，并识别了限制因素，为提升酒店碳排放效率指明了路径。

二、研究框架和研究方法

本成果主要采用的研究方法有：（1）文献集成研究法；（2）问卷调查法与实地调查；（3）数据包络分析方法；（4）双向指示种分析方法；（5）典范对应分析方法。各种方法和研究框架运用如下：

第一，通过文献集成研究，整理分析了有关酒店碳排放效率、资源消耗和能源利用以及减排路径等方面的研究进展，并从研究对象和方法上剖析了以往研究的不足。

第二，结合五台山景区酒店能源利用和碳排放的实际情况，选择关键性的投入产出指标，运用实地调查和问卷调查相结合的方法收集数据资料，涉及五台山景区28家酒店、7个关键性的投入产出指标、酒店从业者的低碳服务和经营意识、酒店节能设施设备的使用情况等。

第三，运用数据包络分析方法，计算了28家酒店的碳排放效率；并根据各家酒店的碳排放效率值（包括其规模效率值、纯技术效率值和技术效率值3个方面），构建3×28维的碳排放效率矩阵，继而运用双向指示种分析方法进行计算，从而判断酒店的碳排放效率的类型。

第四，将28家酒店的注册资本、建筑面积、客房数、从业人数、耗水量、耗电量、耗煤量等指标值，构建7×28维的数据矩阵，并结合上述的碳排放效率矩阵，利用典范对应分析方法进行运算，揭示了7个关键性指标影响酒店碳排放效率的机制。

第五，除考虑7个关键性指标外，从游客的低碳认知、酒店从业者的受教育水平和低碳服务意识以及节能设施设备使用情况等方面，探讨了其对酒店碳排放效率的影响。

第六，提出了研究结论，并依据分析结果，为提升景区酒店碳排放效率指明了路径。此外，还对酒店碳排放效率的测算、样本选择、影响因素等进行了相应的讨论。

三、理论创新和学术价值

首先，在理论上，将酒店碳排放效率和影响指标完整结合起来并表达在简化的空间中，一直是学术界关注的焦点和难点。本成果通过典范对应分析方法的运用，把复杂的数据在简化的空间中表达出来，使得不同样本类型与各种特征因子的关系一目了然，有效揭示了酒店碳排放效率与关键影响指标之间的关系，尤其是在识别关键性指标对酒店碳排放效率的制约作用上实现了新突破，有助于完善低碳酒店的理论体系。

其次，把双向指示种分析方法、典范对应分析方法和酒店碳排放效率相结合，成功开创了一个探讨不同类型酒店的排放效率与关键性影响因素之间关系的新思路，并为研究旅游发展中的各种生态关系提供了一个独特的方法视角。与传统研究方法相比，该方法的提出，对于相关领域的研究无疑具有重要的推动作用。

四、应用价值和经济、技术、社会效益

（1）本成果基于多学科理论，运用数据包络分析方法测算了五台山景区 28 家酒店的碳排放效率；利用双向指示种分析方法将景区酒店划分为碳排放效率完全型、碳排放效率较高型、纯技术效率最低型和规模效率最低型四类，进一步识别了不同类型酒店碳排放效率的特征，为景区酒店精准实施低碳管理提供了重要的参考依据。

（2）典范对应分析方法将不同酒店类型与其关键性指标紧密结合，其结果详细揭示了酒店碳排放效率与关键性影响因素之间的内在关系，指明了低碳调控的实施路径。这不仅对于规范和协调不同类型酒店的低碳经营行为起到了指导作用，而且很好地协调了景区酒店建设与环境管理之间的关系，使得旅游业发展和环境保护达到了双赢。

（3）五台山景区属于山岳型景区，酒店是能源利用和碳排放的大户，其能源利用效率和低碳管理在全球气候变化背景下尤为值得关注。本研究成果不仅有利于五台山景区酒店加强节能减排方面的建设，而且为我国在酒店业或旅游业方面应对全球气候变化及参与国际气候谈判提供了决策参考，有利于增强我国在国际低碳经济博弈中的话语权与影响力。

迈向优质旅游：全域旅游供需错配及其治理

——苏州吴江案例研究

作　　者：周永博，沈敏，吴建，魏向东
依托单位：苏州大学
成果类别：集体成果

一、研究内容

全域旅游发展战略将旅游目的地治理的重点从需求端转向供给侧，以此作为旅游目的地供需错配治理的新方向。本文着眼于此，尝试以苏州市吴江区作为研究案例，以游客调查数据为依据，分析验证旅游目的地供需错配的具体表现，为全域旅游目的地供需错配治理提供方向，结论从制度供给、公共服务、产品结构 3 个方面提出相应对策，为加快推进旅游业供给侧结构性改革提供依据。

二、研究框架和研究方法

为了形成对旅游目的地供需错配现象的确切认知，研究实地开展了大样本游客调研，获取并分析游客关于旅游目的地供需匹配感知的一手数据。研究依托实证案例和调查数据，创造性地将“差距分析”（Gap analysis）方法与“重要性—绩效分析”（IPA）工具相结合，验证和分析以下问题：在全域旅游发展中，旅游目的地在哪些方面存在供需错配现象？旅游目的地供需错配治理的逻辑和对策是什么？研究能够做到框架清晰、数据公开、方法可逆，符合调查研究和实证研究规范。

三、理论创新和学术价值

随着国家全域旅游示范区建设全面展开，相关案例实证研究亟须跟进。本文结合苏州吴江全域旅游示范区建设案例，以实证方法探索全域旅游发展中的旅游目的地供需错配现状，着重从供给侧角度提出旅游目的地存量供给结构优化路径，探索构建全域旅游目的地供需错配治理体系，对全域旅游发展战略研究形成有力补充。

四、应用价值和经济、技术、社会效益

当前，我国旅游消费结构升级处于一个关键历史节点，国民旅游消费迅速升级倒逼旅游业供给侧结构性改革提速。国家《"十三五"旅游业发展规划》提出，推动旅游业由低水平供需平衡向高水平供需平衡提升。在全域旅游背景下，景点旅游发展模式向区域资源整合、产业融合、共建共享模式加速转变，极大拓展了旅游供给的外延和内涵，使全域化进程中的旅游目的地供需错配现象日渐凸显。

在深入调研基础上，研究发现：在全域旅游目的地供需错配治理体系中，"关键市场监测"是其前提条件，"加强制度供给"是其首要任务，"完善公共服务"是其关键措施，而"优化旅游产品结构"是其落脚点。相关决策建议成为当地旅游业发展的重要参考。论文荣获《旅游学刊》2018 年度优秀论文，被人大复印资料《旅游管理》全文转载，下载量和引用率在《旅游学刊》全年论文中名列前茅。

非惯常环境及其对旅游者行为影响的逻辑梳理

作　　者：管婧婧，董雪旺，鲍碧丽
依托单位：浙江工商大学
成果类别：集体成果

一、研究内容

（1）探索“非惯常环境”这一旅游研究中“硬核概念”的内涵和外延，回答“是什么”。

（2）将“非惯常环境”特征归纳为经济、文化、信息和认知四个维度，提出：进入非惯常环境意味着高沉没成本和重置成本；信息不完全和混乱；文化的冲突、吸引和缓冲；并在具象、抽象和情感三个层次上形成独特认知。

（3）解析上述四个维度特征对旅游者在目的地选择、在地消费及其他行为等方面产生的影响。

二、研究框架和研究方法

研究按照理论开发的思路进行。一是描述“是什么”；二是表明其间的逻辑，回答“为什么”。界定概念时，文章采取了波纳所提出的特征表理论，把概念分解为定义性特征和特异性特征。首先，采用形式逻辑学的种属概念和逻辑思维中的相邻概念比较法厘清了“非惯常环境”这一概念的内涵外延。其次，运用逻辑归纳的方式，提出了经济、文化、信息和认知四个具有描述功能的“非惯常环境”特异性特征，比较全面地解释了“非惯常环境”是什么。运用演绎推理法探讨了每一特征与旅游者行为之间的关联性，描述了两者的联系是如何发生的，表明了逻辑。

三、理论创新和学术价值

（1）深度辨析“非惯常环境”概念，巩固旅游研究内核。概念是理论开发的基础，文章对原有“非惯常环境”概念做了三方面突破。一是将惯常与非惯常环境之间进行联立，通过分析惯常环境，确立非惯常环境的内涵和外延；二是否定了“非惯常环境”与“异地性”间的概念可替代性，指出“非惯常环境”所特有的隐喻性，可关联旅游经典理论；三是剖析了“非惯常环境”的四个维度特征。多层次的分析深化了对“非惯常环境”概念的认识，巩固了其在旅游研究中的核心地位。

（2）构建了非惯常环境从假说到理论的关键链条。原有“非惯常环境”对旅游者行为的影响停留在推测假说阶段。文章剖析非惯常环境四维度特征后，构建了每一维度到旅游者行为的逻辑链条，为构建可论证的理论弥补了缺失的一环。

（3）推动“非惯常环境”理论命题的可检验性。理论命题是否易于检验决定了理论贡献的潜力能否实现。文章提出的“非惯常环境”四维度特征，使得“非惯常环境”比较容易被操作化为可测度的变量，为后续研究从概念向实证转变奠定基础。

“旅游学是什么”“旅游学与其他学科有什么异同”是旅游研究的终极之问。如果认同非惯常环境所构成的特定时空条件和特殊状态下的人或社会事实是旅游研究的特定对象，那么文章将为旅游学研究的基础框架建设尽绵薄之力。

四、应用价值和经济、技术、社会效益

此外，旅游者行为是旅游活动的起点，正是旅游者的需求激发了庞大的旅游业，引发了理论研究。反哺实践的理论必然要有针对性和高度概括性。当我们将旅游者行为与非惯常环境的特定情境相连，就会对游客行为决策有更深刻的理解，才能更好地干预游客行为，引导行业为其服务。

专著类

——一等奖（2 项）

汉字中的酒具

作　　者：胡洪琼
依托单位：安阳师范学院
成果类别：个人成果

一、研究内容

酒器是指用来盛酒用的器具，也称酒具。中国最早的酒器为陶质酒器和木质酒器，新石器时代又出现了漆酒器，这一时期的酒器的种类有盉、觚、杯、尊、壶、瓶等。夏商周时期是中国的青铜时代，青铜酒器数量大增，造型精美，种类多样，有爵、角、觚、觥、尊、罍、斝、觯、壶、卣、彝、盉等。东周至秦汉时期，酒器种类有壶、禁、缶、尊、钟、钫、耳杯、樽、卮等。漆酒器大放光彩，汉代时达到顶峰。汉代还出现了玻璃酒器和金银酒器。魏晋南北朝时期，由于薄葬之风盛行，酒器种类少，基本上以瓷质酒器为主，器形有壶、尊、杯、注子、温碗等。隋唐时期，瓷质酒器种类增加，造型更加新颖奇特。除瓷酒器外，三彩酒器和金银酒器也很丰富。器形主要有联体壶、执壶、盏、注子、杯、碗、盅、双耳瓶、盘、羽觞等。宋元至明清时期，瓷酒器形式多样，制瓷技术日臻完善。明清瓷器中景德镇生产的瓷器耀眼夺目，瓷器除青花、斗彩、冬青外，新创制了粉彩、珐琅彩、古铜彩等。金、银、玉石、象牙和玻璃酒器也是光彩纷呈。现代酿酒技术和生活方式发生了很大变化，酒的品种增多，酒具的种类也是五花八门，除了仿古代的酒器外，还出现锡质酒器、不锈钢酒器等。

酒器从用途上，可分为盛储酒器、温煮酒器、饮酒器、挹取器、斟灌器、冰镇器等。盛储酒器主要有尊、壶、罍、卣、彝、瓮、缸、缶、钫、瓶等。温煮酒器主要有盉、斝、爵、铛、炉、注子等。饮酒器主要有爵、觚、杯、角、觥、觯、羽觞、碗、盅等。挹取器有要有勺、斗、瓢等。斟灌器主要有盉、鬶、斝、觥、执壶、注子等。

冰镇器主要有鉴、缶、尊、盘、壶等。此外，还有一些和酿酒以及和酒有关的娱乐酒器。当然，有些酒器可以一器多用，既可以饮酒也可以温酒或盛酒，区分不是特别严格。

二、研究框架和研究方法

本著作主要研究的19种酒具分别是爵、角、觚、尊、彝、卣、觥、盉、壶、罍、瓮、瓶、杯、禁、觞、卮、枋、斝、斗。

本书结合历史文献法、考古学成果法、民俗学和语言文字学等多种方法，全面阐述酒具的字形演变，酒具的含义，酒具的用途，酒具的每一个时代演变特点和演变脉络，和酒具有关的语言、历史和民俗文化等。

三、理论创新和学术价值

酒具在语言文化中有着丰富的含义，和酒具有关的成语、词语和诗词以及考古发现的精美酒器等也是文人墨客竞相抒发的创作题材，也激发了艺术家们的创作灵感。古人云，“非酒器无以饮酒，饮酒之器大小有度”。成语中的“觥筹交错”，书圣王羲之借“曲水流觞”饮酒，诗仙李白“会须一饮三百杯”，苏东坡“一樽还酹江月”，李清照“三杯两盏淡酒，怎敌他、晚来风急”，范仲淹“把酒临风，其喜洋洋者也”……诗文中的“觥”“樽”“杯”“觞”等，皆是饮酒器具。

酒具是指用来盛装或饮用酒有关的器具。中国酒文化博大精深，内涵丰富。酒在中国古代艺术史上占有重要的地位，与绘画、书法、音乐、舞蹈、雕塑、建筑等有着密切的联系。每一种酒具都有着深刻的文化内涵，尤其是经过考古发掘出来的酒具，更具有无与伦比的历史价值、美术价值和文化价值，每一种酒具都是古代先民聪明智慧的体现，具有重要的学术价值和应用研究价值。

四、应用价值和经济、技术、社会效益

本书以19种主要酒具作为一个章节，全面阐述该种酒具的字形演变，酒具的含义，酒具的时代演变特点，酒具的用途，酒具在语言文化中的含义，和酒具有关的成语、词语、诗词，以及考古发现的精美酒具等，带领读者体验深厚的中国酒文化。

在古代往往是“礼以酒成”，即行礼离不开酒。酒在中国古代文化史上占据着重要地位，酒文化已经渗透到了古代社会生活的各个方面，无论政治、经济、文化、艺术、军事、宗教等，都与酒有着千丝万缕的联系。有酒则必有酒器，研究酒文化则必从酒器开始。酒文化是中华民族传统文化的重要组成部分，而酒器是酒文化的重要载体，通过古代酒器，可以了解中国的传统文化，了解我们华夏民族的悠久历史。

邮轮旅游法律要论

作　　者：孙思琪
依托单位：上海海事大学
成果类别：个人成果

一、研究内容

《邮轮旅游法律要论》是中国邮轮旅游法律领域第一部学术专著。邮轮旅游是近年以来在我国快速发展的新兴旅游形式，也是“一带一路”倡议提出的重点合作领域。本书以邮轮旅游涉及的法律问题为研究对象，研究内容涉及《旅游法》与《海商法》，特别是海上旅客运输法。全书以中国邮轮旅游市场特有的旅行社包船模式为基本背景，基于中国邮轮法律研究的现状梳理，详细阐述了邮轮旅游涉及的主要法律问题，包括邮轮法律的特殊性、邮轮旅游的法律关系及其合同基础、邮轮船票制度、邮轮旅游航程变更、邮轮旅客人身损害、邮轮旅游经营者的责任限制、邮轮旅游的法律适用、邮轮旅游的纠纷管辖。同时，针对《海商法》的修改与完善以及其中涉及的邮轮旅游立法工作，本书提出了邮轮旅游专门立法的完整建议条文，以及相应的说明、理由、参考立法例与案例模型。

二、研究框架和研究方法

本书绪论部分系统梳理了中国邮轮旅游法律研究的现状与误区，此外全书主体部分分为九章：

第一章为“邮轮旅游法律的特殊性”，包括邮轮旅游法律特性的成因、邮轮旅游法律的具体特性以及邮轮旅游法律特性的立法贯彻等内容。

第二章为“邮轮旅游的法律关系及其合同基础”，包括邮轮旅游私法规范的现状与趋势，邮轮旅游三方法律关系的成因，邮轮旅游的基础合同，邮轮旅游参与主体的法律地位，以及《上海市邮轮旅游经营规范》立法模式的示范意义等内容。

第三章为“邮轮船票制度”，包括中国邮轮船票制度的缺失现状、进展以及发展方向等内容。

第四章为“邮轮旅游的航程变更”，包括邮轮旅游航程变更的基本认识、一般法规制、专门立法进展、司法实践以及保险条款等内容。

第五章为“邮轮旅客的人身损害”，包括“海洋量子号”案和“蓝宝石公主号”案两件典型案例的案情概要与裁判要旨，邮轮旅客人身损害涉及的法律关系，邮轮旅客人身损害责任的法律适用，邮轮旅游经营者的安全保障义务，邮轮旅游经营者的赔偿责任限制，以及“蓝宝石公主号”案适用英国法律可能产生的裁判结果等内容。

第六章为“邮轮旅游经营者的责任限制”，包括旅行社责任限制条款效力的法律漏洞及其填补，旅行社责任限制权利法定化的法理基础与规范技术等内容。

第七章为“邮轮旅游的法律适用”，包括邮轮旅游基础合同法律适用现状，邮轮旅游服务合同的法律适用，邮轮船票证明的海上旅客运输合同的法律适用，邮轮旅游涉及的侵权责任的法律适用，以及可供邮轮旅客选择适用的系属等内容。

第八章为“邮轮旅游的纠纷管辖”，包括邮轮旅游纠纷管辖的司法实践、应有划分以及复归路径等内容。

第九章为“邮轮旅游的立法建议”，包括邮轮旅游专门立法的路径选择，《海商法》修改的必要性，《海商法》（征求意见稿）第六章第三节的逐条评论，《海商法》修改增加规定邮轮旅游的立法建议条文，以及相应的说明、理由、立法例与案例模型等内容。

三、理论创新和学术价值

过去十余年间邮轮旅游在我国得以高速发展，目前我国已是亚洲最大、全球第二的邮轮客源国市场。2018 年全年我国邮轮旅客运输量达到 250 万人。此种蓬勃发展的积极局面同时也导致各类法律问题不断产生，较为典型的便是此前由于邮轮航程变更等情形导致旅客“霸船”事件频发，以及被称为“中国邮轮旅客公海人身侵权第一案”的“蓝宝石公主号”，表明了我国现行法律对于邮轮旅游存在诸多不适应性。因此，本书体现的研究成果具有较高的理论价值与实践价值。

关于理论价值方面，本书针对邮轮旅游涉及的法律问题构建了相对完整的理论体系，探讨的具体内容始于邮轮旅游相关合同的订立，直至邮轮旅游纠纷的解决，涵盖邮轮旅游活动的首尾。其中涉及的船票制度、航程变更、旅客人身损害、经营者责任限制、法律适用、纠纷管辖等诸多问题此前在我国鲜有研究，因而在一定程度上填补了此一领域的研究空白。

四、应用价值和经济、技术、社会效益

至于实践价值方面，本书体现的研究成果对于邮轮旅游实践以及相应的立法、司法实践均有一定指导意义。例如，本书第三章针对邮轮船票制度提出规范邮轮船票销售秩序，2019年8月交通运输部等部委印发的《关于推广实施邮轮船票管理制度的通知》即体现了此种趋势。此外，目前我国《海商法》正在进行修改，如何妥善处理邮轮旅游应是其中“海上旅客运输合同”一章的修改重点之一。本书对此提出了颇为完整的立法建议，并且配有建议条文对应的说明、理由、立法例以及案例模型等内容，从而能为立法活动提供较为充分的理论支撑。

专著类

——二等奖（5 项）

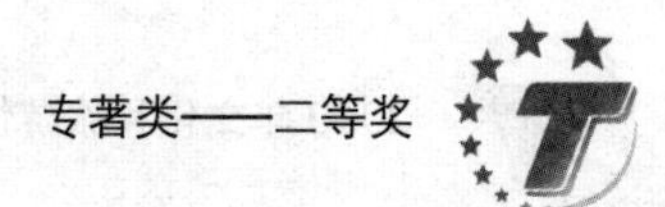

金融与旅游业融合的模式及市场效应研究

作　　者：胡抚生
依托单位：中国旅游研究院
成果类别：个人成果

一、研究内容

（1）产业融合理论和相关研究的系统梳理。系统梳理产业融合理论，互联网金融发展、金融与旅游业关系等相关研究，为金融与旅游业的融合发展研究提供理论支撑。

（2）金融与旅游业融合的典型模式。从四个方面总结金融与旅游业融合的典型模式：一是个人旅游支付服务模式，包括银行卡支付、网上银行支付、互联网第三方支付、手机支付、预付卡支付等与旅游服务结合的模式；二是旅游业的典型融资模式，包括旅游企业融资模式、旅游消费信贷模式、开发性金融融资模式等；三是旅游＋互联网金融平台模式，包括旅游电商平台综合性金融服务模式、单一金融服务模式以及非旅游电商综合性金融服务模式；四是产融结合模式，包括旅游业并购金融产业模式、金融资本投入旅游业模式。

（3）金融与旅游业融合的机制研究。一是分析金融与旅游业融合的影响因素研究。金融与旅游业融合受到政府规制、信息技术发展、企业发展、商业模式创新、旅游者需要等诸多因素的影响。在调查的基础上，从动因因素和阻力因素两个层面来分析金融与旅游业融合的影响因素。二是分析金融与旅游业在资源、技术、产品、市场、功能等全方位的融合演化路径。三是分析金融与旅游业的融合演化机制。四是定性分析金融与旅游业融合在促进产业升级、扩大市场规模、促进区域发展和新业态发展等方面的综合作用。

（4）金融与旅游业融合的市场效应评估。从游客视角出发，采取定量方法评价金融与旅游业融合的市场效应。首先，选取评价指标。以旅游金融服务质量为自变量，考虑旅游金融服务特点并借鉴国内外相关研究，将其划分为有形性、可靠性、响应性、安全性、移情性五个维度；以游客满意度、消费意愿为因变量。各变量测量条款在文献梳理以及访谈专家、旅游企业、游客基础上得出。其次，开展问卷调查。对出境、国内、入境旅游市场共开展6000份游客问卷调查。最后，大样本数据分析。根据前述变量，建构结构方程模型，分析旅游金融服务质量对游客满意度及消费意愿的影响，定量比较三大市场的影响效应，以判断金融与旅游业融合的市场效应。

（5）促进金融与旅游业互动融合的政策体系设计。从六个方面开展促进金融与旅游业融合的政策体系设计：一是放宽市场规制，推动产融结合发展；二是旅游业与传统金融业融合促进政策支持，包括信贷、投融资、保险等各政策支持；三是旅游业在互联网金融领域的创新支持；四是旅游者的金融服务政策支持；五是改善旅游目的地金融服务环境；六是融合发展保障机制，包括征信体系、担保体系、信息甄别与共享机制、政策协调机制建设等。

二、研究框架和研究方法

（一）研究框架

本研究框架主要分为九章。第一章为绪论部分，介绍本研究的背景及意义，阐述主要内容、研究方法、研究创新点。第二章为相关研究述评，对产业融合、旅游与金融的关系相关文献进行回顾和总结，阐述本研究的理论基础。第三章为金融与旅游业的关系现状、历程及挑战，分析金融与旅游业关系现状，以及改革开放以来金融与旅游业关系发展的四个阶段。第四章为金融与旅游业融合发展的典型模式，主要从个人旅游支付、旅游融资、旅游+互联网金融平台、产融结合四个方面进行模式总结。第五章为金融与旅游业融合的机制分析，分析金融与旅游业融合的动力机制、阻力因素以及金融与旅游业融合的路径及演化过程等。第六章为金融与旅游业融合的案例研究，分析桂林银行、京津冀旅游一卡通、途牛网、京东旅行网等在金融与旅游业融合方面的案例。第七章为金融与旅游业融合的市场效应，通过建立结构方程模型，分析旅游金融服务质量对游客满意度及行为意愿的影响作用，评价金融与旅游业融合的市场效应。第八章为政策设计，从六个方面提出金融与旅游业融合的政策设计。第九章节为研究结论及展望，总结研究得出的结论，并指出研究的不足及未来研究方向。

（二）研究方法

（1）文献研究法。通过对产业融合理论、金融支持旅游业发展等研究文献的回顾，梳理以往研究的进展、主要观点以及存在的不足之处，为本研究找到切入点和逻辑脉络，确定本研究的主要内容。

（2）定性分析法。从理论上对金融与旅游业融合的内在机制进行逻辑分析和论证；对各种融合模式进行比较，对二者融合的影响因素、融合路径、演化机制进行理论阐释，对促进金融与旅游业的融合展开对策研究。

（3）实地访谈法。通过对桂林银行、途牛旅游网、京东旅行网、京津冀旅游一卡通等机构和企业进行深入调研，了解金融与旅游业融合的现状、运作机制以及瓶颈，并收集相关数据和案例。通过对中小旅游企业进行访谈，了解中小旅游企业目前面临的融资难问题及对金融服务的诉求。通过对旅游者的深入访谈，了解大众游客对旅游金融服务现状的评价以及诉求。

（4）案例分析法。通过对桂林银行、京津冀旅游一卡通、途牛旅游网、京东旅行网等企业进行案例分析，总结线上线下旅游业与金融业融合发展的特征和经验，分析金融与旅游业实现双向互动的现状、主要特点、发展不足等。

（5）实证分析法。通过调研收集出境、国内、入境三大市场游客对旅游金融服务质量的评价数据，共发放6000份问卷，建立结构方程模型，利用SPSS、Amos等软件对收集的数据进行分析，对金融与旅游业的市场效应进行检验和提供数据支撑。

三、理论创新和学术价值

（1）以产业融合理论、旅游发展理论、金融创新理论为支撑，结合旅游业发展规律，构建金融与旅游业融合发展的系统研究框架，从双向互动视角系统探索两大产业融合发展的内在机制，既拓展和丰富了产业融合理论，也拓展了金融与旅游业关系的研究视角和应用空间。

（2）从入境、出境、国内三大市场游客的感知视角出发，建立结构方程模型，分析金融与旅游业的融合效应，拓展了产业融合研究的方法和体系，形成了更为科学的产业融合效应评价分析框架。

（3）提出了促进金融与旅游业融合发展的政策建议，丰富了该领域的研究内容，具有较强的科学性、前瞻性和可操作性。

四、应用价值和经济、技术、社会效益

（1）为金融与旅游业的双向良性互动、创新发展，提供高质量的旅游金融服务提供科学的实践指导。金融与旅游业的双向互动融合刚步入正轨，两者的互动还在深化探索中。本研究找出金融与旅游业融合发展的痛点、难点，找准国家金融政策方向，提出金融与旅游业融合实践发展的方向和路径，有助于促进金融业、旅游业两大产业的深度融合发展，为人民群众提供高质量的现代旅游金融服务。

（2）为政府部门推动金融与旅游业的融合发展，优化金融资源配置提供决策参考依据。金融与旅游业的融合发展，不仅需要依靠市场的力量，还需要政府的支持。本研究为各级政府推动金融与旅游业的融合发展提供了决策参考依据，有助于推动金融领域放管服改革，进一步优化金融资源配置，更好地满足旅游金融高质量发展的需求，助力金融与旅游业的深度融合。

农业文化遗产地旅游社区灾害风险认知与适应

作　　者：孙业红
依托单位：北京联合大学
成果类别：个人成果

一、研究内容

本著作是国家自然科学基金青年项目（41201580）“农业文化遗产地旅游社区灾害风险认知及适应过程研究：以云南红河为例”的主要成果。

自 2005 年开始，全球重要农业文化遗产（GIAHS）的保护已经走过了十余年。经过多方共同努力，FAO 已于 2015 年 6 月正式将其列入常规工作。中国作为最早参与农业文化遗产保护工作的国家，也建立了国家级的农业文化遗产保护网络（NIAHS）。作为动态保护的重要途径之一，农业文化遗产旅游的研究近年来开始受到越来越多的重视。原国家旅游局、原农业部以及其他部委就休闲农业和乡村旅游等方面的合作越来越多，农业文化遗产旅游也越来越受到国家层面上的关注。

随着全球气候变化及其导致的极端天气和气候事件日益增多，气象灾害（链）风险呈现增加趋势，对受气候 / 气象影响较大的农业文化遗产，尤其是对以种植为主的农业文化遗产来讲，造成破坏的风险趋于增加。2009—2012 年，云南红河哈尼梯田连续遭遇大旱。这些灾害风险对农业文化遗产的保护造成了严重威胁，因此需要政府、企业、社区、居民等各个利益相关方共同参与，关注农业文化遗产面临的各种灾害风险，寻求减灾和适应的方法，确保农业文化遗产动态保护措施的有效实施。地方社区是农业文化遗产的传承者和旅游发展的主要参与者，他们对农业文化遗产地旅游发展及面临的灾害风险认知程度和采取的措施对于遗产保护和可持续旅游发展至关重要。厘清农业文化遗产地的旅游社区特征，揭示社区居民的灾害风险认知及适应行为与过程，对于区域农业文化遗产保护和可持续发展具有重要的理论与现实意义。

本书以云南红河哈尼梯田为例，从旅游社区视角开展了农业文化遗产地灾害风险认知及适应过程的相关探索性研究，初步厘清了农业文化遗产地旅游社区与非旅游社区在灾害风险认知及适应过程方面的显著差异，并在此基础上构建了旅游社区灾害风险认知与适应过程概念模型，提出了农业文化遗产地旅游社区灾害风险适应模式。此外，本书在附录中提供了全球重要农业文化遗产、中国重要农业文化遗产以及中国梯田的旅游发展概况，还筛选了与农业文化遗产相关的一些国内外研究成果，以期让读者对全球和中国的农业文化遗产研究与旅游发展有所了解。

二、研究框架和研究方法

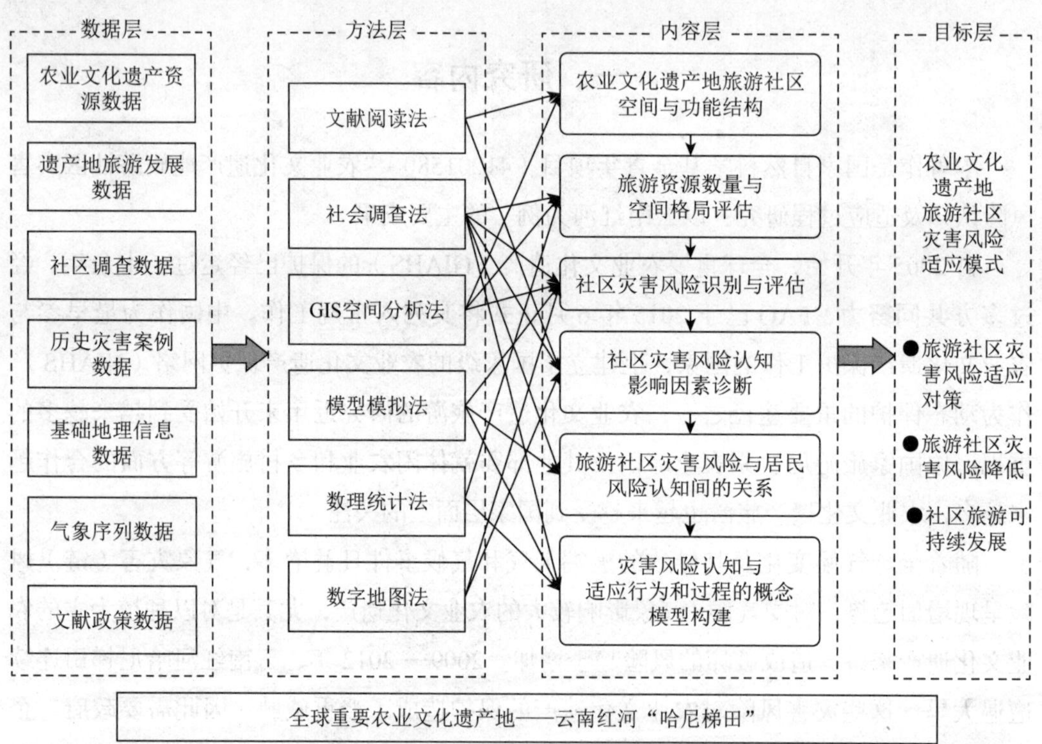

本研究的主要方法包括：

（1）数据获取方法。①文献阅读法，通过查询国内外文献及相关国家 / 行业标准，综述农业文化遗产地旅游社区的空间结构和功能结构，农业文化遗产地旅游资源的分类标准，灾害风险认知与适应行为等资料；通过查询气象（含农气站）、地质灾害监测数据，获取研究区红河哈尼梯田所在地灾害典型案例资料；搜索主流媒体尤其是重大灾害发生后媒体的相关报道，获取社区应对灾害的信息。②社会调查法，通过实地社会调研（问卷调查、深度访谈），调查红河哈尼梯田所在的部分典型社区旅游资源类型、数量及分布；社区及居民层面所感知的灾害风险类型，具体应对行为及其时序、减灾效果等。③遥感信息提取法，利用遥感资料（高分辨率 Quickbird）辅助获取农业文化遗产地资源数量及空间分布，灾害风险区范围等资料。④野外测量法，基于高精度全球定位系统（GPS）和多功能图像采集仪，定位与测量红河哈尼梯田旅游社区各类灾害隐患点（风险区）位置及面积，旅游资源分布位置及范围等相关信息。

（2）数据分析方法。①数理统计方法，针对文献阅读、社会调查、遥感提取等获取的信息以及气象、地质灾害等信息，在建立数据库的基础上，进行数理统计分析，建立不同灾害风险情景下红河哈尼梯田所在社区居民风险认知及适应行为的影响因素过程序列数理统计结果。② GIS 空间分析法，农业文化遗产地旅游资源、灾害风险评估结果的空间格局、社区灾害风险认知的空间分布分析等。③模型模拟法，借助国际上对灾害风险理解的主流观点，构建风险 = 致灾因子（Hazard）× 脆弱性（Vulnerability）的风险评估模型，模拟不同哈尼梯田旅游社区灾害风险的结果及空间分布；同时，结合“压力—状态—响应”框架，建立风险认知与适应行为间相互作用的模拟模型。④数字地图法，通过叠加等多种分析功能，将农业文化遗产地旅游资源、灾害风险评估结果、社区灾害风险认知及适应行为进行数字地图表达，同时利用地图信息图谱理论，动态表达灾害风险适应过程。

三、理论创新和学术价值

（1）农业文化遗产地旅游发展与科学减灾的紧密结合，本书将灾害风险问题引入农业文化遗产地旅游发展过程中，通过对社区灾害风险与适应过程的研究，构建农业文化遗产地社区灾害风险适应模式，为推动农业文化遗产地旅游社区参与理论的深化和创新、区域农业文化遗产保护和可持续旅游发展提供依据。

（2）提出旅游社区灾害风险认知影响因素的测量方法，通过旅游社区与非旅游社区对灾害风险的认知差异，旅游社区对灾害风险的认知与客观风险评估结果的差异两个方面，提取影响旅游社区灾害风险认知的因素。

（3）构建旅游社区灾害风险认知及适应过程概念模型，基于旅游社区居民灾害风险认知存在的 3 种情景，分析不同情景下居民适应行为与过程，并以“压力—状态—

响应”框架为基础，构建旅游社区灾害风险认知及适应行为与过程的概念模型，促进灾害风险认知与适应行为的理性互动。

四、应用价值和经济、技术、社会效益

本书丰富了农业文化遗产保护及其可持续旅游发展的理论研究内容，对于提升农业文化遗产地，或者其他文化遗产地的综合防灾减灾能力以及可持续旅游发展能力具有一定的实践价值。此外，本书提供的国内外农业文化遗产的相关研究和旅游发展信息为希望系统了解农业文化遗产领域工作的研究者和遗产地管理者提供了丰富的借鉴内容。

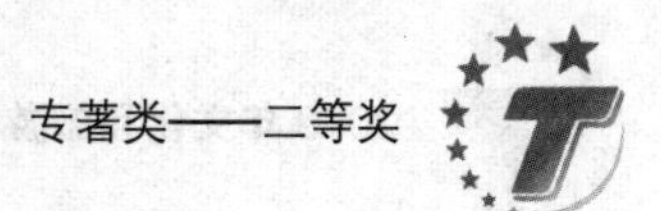

贵州少数民族地区特色旅游产业精准扶贫路径研究

作　　者：王超，吴倩，王志章
依托单位：贵州财经大学
成果类别：集体成果

一、研究内容

党的十八大以来，习近平总书记从国家发展战略的高度，提出了“精准扶贫”战略，剑指扶贫攻坚战场，旨在攻克深度贫困地区脱贫问题。贵州作为精准脱贫攻坚的主战场之一，特别是对于长期以来处于绝对贫困困境中的少数民族山区，如何实现精准脱贫，是党和国家关心的大事。因此，著作提出了贵州少数民族地区特色旅游产业精准扶贫相关问题，分析了旅游产业精准扶贫的理论分析框架，设计了贵州少数民族地区特色旅游产业精准扶贫指标体系与量化方法，构建了其旅游产业精准扶贫的评价模型，为后续评价研究和路径构建奠定了基础。

基于国内外典型案例研究和贵州实证调研，发现：旅游产业的减贫功能不是中国独有的，而是一个世界性的问题。贵州三个少数民族村寨因地制宜发展旅游产业，逐步形成了民族社区善治、文旅融合发展、乡村生态康养三种旅游产业精准扶贫模式，贫困者精准参与其中，通过劳动就业、自主创业或资本流转等多种形式，获得经济收益，实现自身可持续脱贫，为贵州脱贫事业全面胜利提供了经验样本。

同时，著作指出贵州少数民族地区旅游产业精准扶贫的关键问题，包括乡民自我发展意识弱、城镇化辐射带动能力不强、民族文化保护不足、生产性就业岗位不够、顶层设计的精准性不到位等。针对发现的问题，总结出了系统原因，并提出了贵州少数民族地区特色旅游产业精准扶贫路径，可以从顶层设计，做好旅游产业精准识别、社会多元化参与，做好精准帮扶、升级优化制度，做好精准管理三个方面进行系统构建。

整个研究的结论是：一是贵州旅游产业精准扶贫发展符合时代需要，助力贵州实现全面小康的目标。二是科学制定旅游产业精准扶贫衡量指标体系，夯实精准扶贫理论的学理基础。三是特困少数民族地区特色旅游产业精准扶贫，贵州已经取得了阶段性的胜利。四是三种少数民族地区旅游产业精准扶贫模式，在实践中还需不断总结和完善。五是实现旅游产业精准扶贫关键在于顶层设计，明确目标指引方向并做好保障。

二、研究框架和研究方法

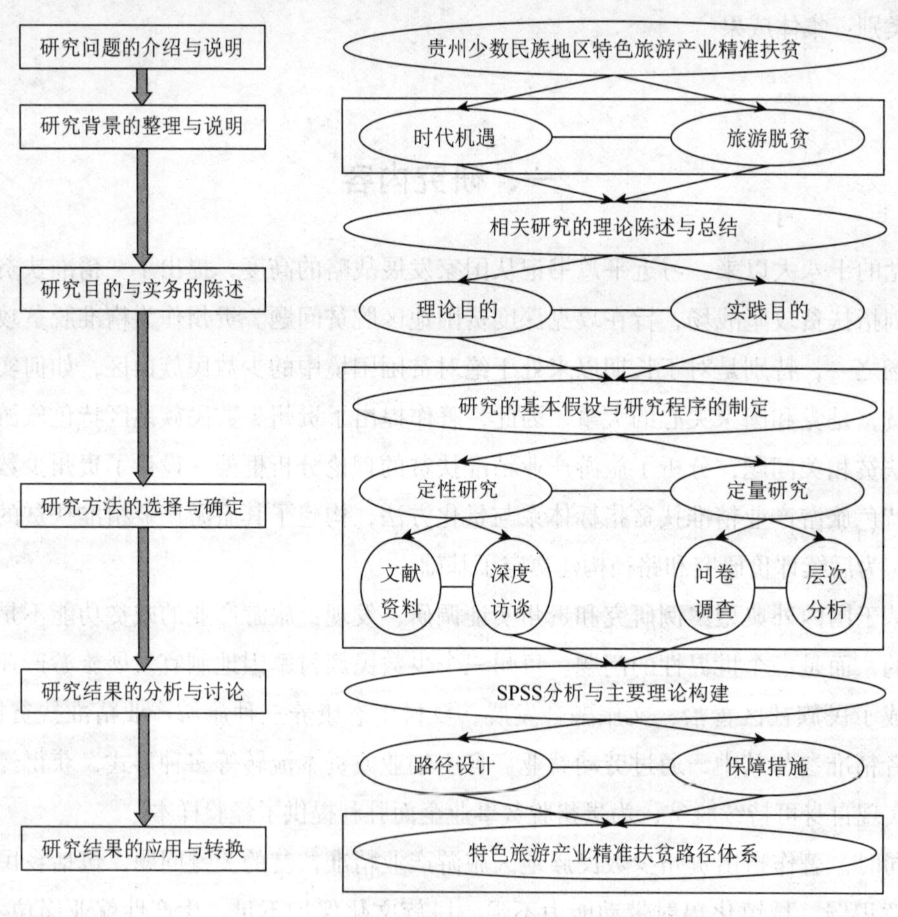

本书研究的技术路线

（1）案例分析法。通过对国内外有关少数民族地区特色旅游产业扶贫的典型案例进行分析和总结，为研究进行分析、判断、发现相关问题，提供现实案例基础。

（2）问卷调查法。通过书面形式间接向调查地区搜集旅游产业精准扶贫相关研究材料，填写意见和建议来间接获得材料和信息，并为问卷统计分析提供一手数据支撑。

（3）访谈调查法。基于本书研究组成员与研究对象的交谈，依据研究关心的问题，让被询问者根据现实情况和自己的理解来回答问题，以弥补问卷调查可能存在的不足，对访谈资料分析采用扎根理论分析范式。

（4）层次分析法。基于专家访谈打分，确定衡量指标层次的权重，为评价贵州特色旅游产业精准扶贫现状构建计分依据和基础。

三、理论创新和学术价值

（一）理论创新

一是目前中国特色社会主义已经进入新时代，到2020年中国即将实现全面脱贫，在此决胜全面小康社会的关键时期，本书对于贵州省少数民族地区特色旅游产业精准扶贫的路径进行了研究和设计，总结出贵州少数民族地区基于旅游产业发展，实现内生动力的精准扶贫模式。

二是在精准扶贫理论基础上设计了贵州少数民族地区特色旅游产业精准扶贫的指标体系与量化方法，按照系统性、科学性、可行性、操作性原则，为贵州少数民族地区特色旅游产品精准扶贫筛选出了"旅游开发精准甄别、扶贫对象精准识别、旅游产业精准帮扶、旅游效益精准管理和旅游脱贫精准评估"五个重要指标，然后应用层次分析法、德尔菲法确定相关评价指标的权重，基于YAAHP软件分析、李克特量表五点记分对其进行量化，对少数民族地区特色旅游产业精准扶贫提出新的理论体系，构建了旅游产业精准扶贫的评价模型。

三是在理论分析的基础上，基于对贵州省黎平县肇兴侗寨、丹寨县蚩尤文化园、金沙县温泉村的实地调查，发现以发展特色旅游产业来实现少数民族地区的精准扶贫的方法，并分析了贵州少数民族地区特色旅游产业精准扶贫的关键问题，为完善贵州少数民族地区特色旅游产业精准扶贫提出了新的路径思考与保障措施。

（二）学术价值

一是基于旅游学、管理学、经济学、社会学等跨学科理论知识和旅游扶贫理论基础构建，研究了贵州精准扶贫工作中特色旅游产业扶贫的问题，丰富了精准扶贫模式的理论框架，为我国精准扶贫理论体系的完善提供了贵州省典型研究样本。

二是借鉴层次分析法、访谈调查法、问卷调查法和案例分析法等研究范式和论证方法，将精准扶贫要求嵌入贵州特色旅游产业扶贫开发之中，尝试总结出贵州旅游产业助力脱贫攻坚的创新发展道路，为构建旅游精准扶贫的贵州模式夯实了理论基础。

三是将特色旅游产业构建作为贵州旅游经济可持续发展的战略方式，从理论层面探索深度贫困地区“弯道超车”的扶贫模式，为模式的应用和实践提供了理论支撑。

四、应用价值和经济、技术、社会效益

一是通过理论与实践的系统研究，从宏观战略层面协调各方资源，为我国特色旅游产业精准扶贫路径构建提供贵州经验、咨政建议，有针对性地实现贫困地区旅游经济的脱贫功能，为政府制定科学全面的旅游精准扶贫发展政策提供决策参考。

二是在借鉴前期扶贫理论成果的基础上，为贫困程度深的贵州省贯彻落实好党的十八大及中央扶贫工作会议和习近平总书记系列重要讲话精神，为实施好贵州贫困地区特色旅游产业发展提供理论解读，为现实路径的构建提供实践指导，解决好贵州扶贫问题，就是解决好中国扶贫问题。

三是立足于理论分析，多样本的案例参考，不同国家、不同民族地区和贵州特色旅游产业典型样本地区的分析和研究，基于贵州少数民族特色旅游产业精准扶贫发展所面临的实际困难，分析问题存在的主要根源，制定相应的政策措施，为旅游产业促进地方脱贫提供决策参考。

浅谈旅游学

作　　者：陈海波
依托单位：湖南城市学院
成果类别：个人成果

一、研究内容

20 世纪 60 年代以来，由于大众旅游在世界范围内的广泛兴起，“旅游学”作为一个术语被提了出来，经过数十年的发展，旅游学日益表现出更加强劲的发展势头，涌现了大量需要关注的学术问题。研究成果（著作）全书 30 万字，因为所论问题的重要性和宏大性，笔者将其命名为《浅谈旅游学》，主要聚焦于旅游学的学科逻辑、基础理论体系以及若干重要命题的研究，主要内容包括：

（1）旅游研究的历史与现状梳理，较为细致地回顾了百余年来旅游研究的发展脉络和态势。

（2）旅游学的学科性质判断。着重辨析了当前学界流行的关于旅游（学）研究是“多学科”“跨学科”“超学科”等莫衷一是的观点，提出了“旅游学能够独立成学，是一门集成性基础理论学科”的学术判断，认为“包括旅游学科在内的各门学科，均是一种理解和解释世界的新方式”。

（3）旅游学的基本概念。学科均是建立在一些基本概念之上，研究成果重点梳理了休闲、游憩、旅游、娱乐等相近概念，提出旅游学的核心主干概念是体验、闲暇时间、惯常环境和非惯常环境。对体验、闲暇时间以及（非）惯常环境进行了科学的界定。并提出了“闲暇时间是生产出来的”等具有突出创新色彩的观点。

（4）旅游活动的本质直观。根据现象学和辩证法的思想，将旅游活动抽象为一种移动、一种位势和一种体验，认为旅游是一种休闲活动。将旅游活动与移动的关系归结为：第一，作为休闲的移动；第二，为了休闲的移动；第三，移动中的休闲。从另一视角，将旅游活动看作人在天地间、人在人群中的一种位势，认为旅游为人改变自己在自然空间和社会空间中的位势提供了一种戏剧化、游戏化、诗意化、装配式的转换和实现途径。此外，认为将旅游看作一种体验时，旅游体验实现了自由的、选拣的、快进式、跨越式的多管道体验对接，具有新异性、超功利性、愉悦性和富集性等显著特性。根据以上三种抽象为上溯准绳，回顾了旅游活动的发展历史及其各时期的不同表现。

（5）旅游者的分类及其旅游动因。回顾了学术界关于旅游者类型划分的研究成果，尤其是市场营销学、旅游社会学、旅游心理学等学者的研究成果。将旅游者的旅游动因划分为逃避、怀旧、恋地、好奇、审美、放松、成己和人际八个，认为这些因素并不是单独起作用，往往是糅合在一起或综合起作用，只是权重或侧重点有所不同。

（6）旅游体验的内涵、性质和供需。将旅游体验界定为：人们利用闲暇时间在其惯常环境以外所开展的体验。提出了评价旅游体验的方式是比值法和差值法。认为优化旅游者体验的方法有提供最佳位势，把握不同时势以及激发共建、共创和共享。重点探讨了旅游体验的现场性（liveness）和真实性（authenticity）这两个重要性质。并且从社会学视角的“体验的封存与拓展”探讨了旅游者体验的供需以及旅游体验的设计问题。指出体验设计是未来旅游专业大学生的核心专业能力。

（7）旅游流的理论内涵及旅游地关系。创新性地将旅游流界定为：旅游者在一次旅游活动中所产生的位移为零的空间移位现象。分析了旅游流的形成机制，用流质、流势、流向、流量等概念刻画了旅游流的基本特征，并从时间性、空间性和移动性等范畴对旅游流的动力机制进行了较为深入的探讨。论述了旅游流与旅游线路等概念的关系，介绍了旅游距离衰减理论、旅游资源非优区“依附式”开发论以及旅游地屏蔽理论。对旅游流与旅游交通、旅游地容量以及预测调节等方面进行了理论分析。

（8）旅游文化的理论内涵及其理念。首次从马克思“人化”的观点出发，将文化界定为：人为和为人的过程与结果。将旅游文化界定为：作为旅游者和因为（为了）旅游者的文化。重点阐述了旅游文化的形态：旅游观念、旅游文学、旅游景观、旅游体验和旅游产业。论述了旅游文化的最新理念，如低碳旅游、灵性旅游、全域旅游以及文明旅游的内在机制。

（9）旅游成学的展望及路径分析。从确定主要矛盾、面向其他学科、生发概念体系、改造研究实践、明确研究关怀、贴近产业实践等方面提出了促进旅游成学的路径。并用理论家、工程师和缝补匠等人物形象，比拟了科学研究工作中研究者的角色差异和状态切换。认为理论家总是坚持长期首尾一贯的理性，工程师具有建构能力和极强的执行力，缝补匠具有完善、修改细节的功能。认为旅游学当前最缺乏的是理论工程师、工程理论家和理论缝补匠。指出了旅游学学科理论的现实进路和可选方案。

二、研究框架和研究方法

本书的框架是：首先对国内外旅游研究的相关进展进行一个较为全面的回顾。旅游研究的范围要显著大于旅游学的范围，旅游研究是旅游学的“生态环境”和滋养土壤。通过明确旅游学的基本性质，对其样貌进行一个大致的勾勒，界定了旅游的概念，提出了旅游的三种本质观。然后以“旅游”这个旅游学的研究对象为逻辑起点推及旅游者，遵循先界定旅游后界定旅游者的常规认知逻辑。之后，讨论了旅游体验、旅游流、旅游文化等外推式概念。总体而言，本书遵循的是由内而外的思维进路。

研究方法主要有：文献分析法、概念研究法、现象学本质直观方法、逻辑思辨法等。

三、理论创新和学术价值

成果出版之际，旅游学科基础理论研究的代表性学者、我国著名旅游学者谢彦君教授审读了成果全文并热情撰写了序言，对成果进行了充分肯定。认为“有几个鲜明的特点留下很深的印象”，其中包括“扎实的文献功夫，系统的整合逻辑，独到的个人见解，以及轻松的行文风格”。谢彦君教授认为，旅游学的当前境地，正是应该敞开胸怀欢迎各种不同甚至对立的本体论观点的时代，旅游学术界如果能风行几种不同的重要观点，那正是旅游学科走向成熟的标志。他认为本研究成果中“确实涵容了不少有价值的话题”，较为深刻的理论思考对高等教育实践教学具有一定的应用价值以及对旅游行业的从业人员也具有较大的参考价值。

成果中的重要学术观点在最近几年中的引用次数超过了 30 次，下载量超过了 3000 次，阶段性成果之一、学术论文《非惯常环境及其体验：旅游核心概念的再探讨》发表在旅游研究的代表性期刊《旅游学刊》，并被中国人民大学复印报刊资料《旅游管理》2017 年第 5 期全文转载，同时也被中国知网（CNKI）全文翻译成英文向国外学术界推荐。另外，同一研究方向，还发表了《旅游研究的理论家、工程师和缝补匠》以及《旅游流的概念界定与理论内涵新论》等数篇论文。值得一提的是，本书的第八章获得了 2018 年《旅游学刊》中国旅游研究会笔谈“火花奖”，形成了一定的学术影响。

四、应用价值和经济、技术、社会效益

本书作为学理性著作，其应用价值主要体现在教学和学术交流方面。从课堂反馈的情况来看，学生的思考积极性和层次性有一定程度的提高。另外，主要学术观点支撑写作的《发展生态旅游，建设溢美益阳》等专题报告获湖南省益阳市重点调研课题一等奖、二等奖各一次。受到文化和旅游相关部门的采纳和好评。

公共文化服务标准化研究

作　　者：阮可
依托单位：浙江大学
成果类别：个人成果

一、研究内容

按照加强政府职能改革和公共文化服务体系建设的总体要求，以公共文化服务标准化为突破口，进一步深化文化部门管理体制改革，创新公共文化管理方式，建立起较为完善的公共文化服务标准体系框架，实现各级政府保障责任和义务的标准化，公共文化设施建设、管理和服务的标准化，工作评价的标准化，引导各级政府和公共文化机构科学、规范地开展公共文化建设，切实提高服务整体效能，推动公共文化服务均等化，同时推动各级文化行政主管部门从"办文化"向"管文化"转变。

研究基本思路包括：

一是统筹安排，底线保障。体现加快构建现代公共文化服务体系建设所具有的同一性，在加强内容引导、协调推进方面作出规定，各地要根据自身经济社会发展水平，制订相应的标准体系。按照"国家定标准，县级实施"的原则，各地按照这个标准来实施，财力较强的地区在此基础上适当提高；无法实现这个标准的地区，通过财政转移支付，保障其实现这一标准的服务。

二是需求导向，实事求是。标准制定的主要依据有二：（1）广大人民群众的公共文化服务需求；（2）地方服务能力。既要充分考虑需求，以需求为导向制定标准，也要认识到需求和供给之间的矛盾，根据需求和服务能力的实际情况，确定标准的水平。

三是公开透明，简单易行。公共文化服务标准是面向公众的服务承诺，在制定过程中应广泛征求意见，提高公共文化服务的公众满意度。同时，为了便于政府及公共文化部门根据标准开展服务，便于公众参与监督服务，标准内容应该简洁明了，便于操作。

四是提升效能，完善监督。标准制定应该考虑便于工作实施时效能的提升，提高资金、设施、人力、物力的使用效率。同时，建立对标准执行的监督评估体系，确保标准体系在实际工作中发挥作用。

二、研究框架与研究方法

研究框架包括：公共服务总论，涉及“共同治理”视域中的公共服务标准化，卫生、教育、人社、旅游的标准化政府实践。基本公共文化服务保障标准化，涉及目标、范围、主要任务和模式选择，制度设计和试点探索，保障标准制定的原则、框架和标准值，保障标准实施的路径。公共图书馆服务标准化，涉及公共图书馆服务标准概述，国外图书馆服务标准化的经验借鉴，我国图书馆服务标准化探索，图书馆总分馆建设标准化。文化馆（站）服务标准化，涉及文化馆变迁与转型，文化馆（站）建设标准和评估定级，文化馆总分馆服务标准化。文化志愿服务标准化，涉及基于公共服务语境的西方志愿服务，我国文化志愿服务，文化志愿服务标准体系设计。流动公共文化服务标准化，涉及流动公共文化服务的理念、政策与实践，流动公共文化服务标准化探索，流动公共文化服务标准体系设计。公共数字文化服务标准化，涉及数字文化资源标准化建设、数字图书馆标准化建设、数字文化馆标准化建设、基层数字化培训。博物馆服务标准化，涉及博物馆服务标准化和博物馆评估定级。

研究方法具体包括：案例分析法。针对国内外有代表性或有启发意义的案例，对其进行深入研究，归纳其经验、模式、机制，分析对策。专家访谈法。根据拟订访谈提纲，对相关专家进行半结构化深度访谈，访谈形式包括当面访谈和电话访谈两种。访谈的应用包括公共文化服务标准化的现状和需求的调研等。统计分析方法。如公共文化服务标准体系构建采用因子分析、德尔菲法、模糊综合评判等方法获得指标的选择、权重的计算以及对策的验证分析等。层次分析法。主要应用于公共文化服务标准体系的构建过程。

三、理论创新和学术价值

标准化对于实现均等化的意义和价值，体现了本著作成果的意义和价值。本著作中的不少观点和论述不仅阐明了公共文化服务标准化的原则和方法，厘清了现代公共文化服务体系目标方向及主要任务之间的逻辑关系，还提出推进公共文化服务标准化工作要体现体系化、分层化，体现动态性、社会参与性，这对于丰富现代公共文化服务知识谱系做出了理论贡献。著作主要观点包括：

（1）公共文化服务标准化的“标准化”是“服务”的标准化，而不是“文化产品内容”的标准化。

（2）公共文化服务标准具有体系性。标准包括保障标准、技术标准（包括建设标准、管理和服务标准），评估标准。

（3）标准化和均等化、数字化、社会化是“互促”的关系。

（4）公共文化服务标准化是“动态”的发展过程，随着社会经济的发展，会不断拉高保障标准的底线。

（5）公共文化服务标准的制定应体现“社会合意”。

（6）公共文化服务标准化有助于提升基层设施服务效能。

四、应用价值和经济、技术、社会效益

著作的相关标准推动了基层公共文化服务标准化实际工作，著作中的标准素材对于公共文化标准的制定发挥了重要作用。如著作作者参与《国家基本公共文化服务指导标准（2015—2020年）》编制，撰写该标准的支撑研究报告，该研究报告成为著作的第一、第二章重要内容；又如杭州公共文化服务标准体系建设的“1+X”模式的提出，本身就是对地方标准化工作经验的总结提炼和理论指导；再如《基层公共文化服务规范》（DB 330211/T018—2015）《乡镇（街道）图书分馆服务和评估规范》（DB 330122/T046—2016）《文化团队服务管理规范》（DB 330104/T06—2015）《文化礼堂服务管理规范》（DB 330185/T003—2016）《社区公共文化服务评估规范》（DB 330103/T003—2015）都是著作文稿的实际应用，对地方形成基层公共文化服务、图书馆分馆、社区公共文化服务、基层综合性文化服务中心规范都有指导意义。

著作的相关学术观点推动了公共文化服务保障法的立法进程并转化为法律成果。如2016年12月颁布的《中华人民共和国公共文化服务保障法》，在该法第五条中提出：国务院根据公民基本文化需求和经济社会发展水平，制定并调整国家基本公共文化服务指导标准。省、自治区、直辖市人民政府根据国家基本公共文化服务指导标准，结合当地实际需求、财政能力和文化特色，制定并调整本行政区域的基本公共文化服

务实施标准。该条款就是本著作第二章研究理论成果的具体应用。由著作作者参编的《中华人民共和国公共文化服务保障法解读》（中国法制出版社，2017.3），也有相关释义。

在著作相关案例和实践素材基础上形成教材《公共文化服务标准化建设》（北京师范大学出版社，2019.1），成为全国基层群众文化培训用书，有效指导了具体工作。

本成果也是基于著作作者长年参与政府制度设计的心得和经验提炼。书中不仅探讨和分析了基本公共文化服务保障标准化，而且探讨和分析了公共图书馆服务标准化、文化馆（站）服务标准化、博物馆服务标准化、文化志愿服务标准化、流动公共文化服务标准化、公共数字文化服务标准化等，这不仅对于构建公共文化服务标准体系具有开拓价值，而且对于指导公共文化服务实践工作具有指导性价值，具体包括：

（1）有利于为国家和省级层面新一轮（2021—2025年）基本公共文化服务指导标准的完善和修订提供理论参考依据，更好地保障我国城乡居民的基本文化权益；

（2）公共文化服务标准化体系构建对于推进国家治理体系与治理能力现代化具有一定现实意义，通过推动公共文化服务标准化促进城乡均等、区域均等和人群均等；

（3）对公共文化机构规范服务、提升服务效能提供一定参照指导。

专著类

——三等奖（8 项）

旅游地社会—生态系统恢复力研究

作　　者：王群，陆林
依托单位：安徽师范大学
成果类别：集体成果

一、研究内容

恢复力是系统经受干扰并可维持其功能和控制的能力，是全球可持续发展研究的新视角。著作以人地关系为指向，以旅游地社会—生态系统为研究对象，共分为四大部分（绪论、理论、实证、结论）十一章。理论上系统构建了旅游地社会—生态系统恢复力的概念、特征、要素、测度、评价及可持续判定的理论体系。实证上以千岛湖为典型案例地，以“旅游地社会—生态系统适应性循环历程、旅游地社会—生态系统外部扰沌、客体恢复力（区域恢复力）历时测度、主体恢复力认知（社区恢复力认知）现状测度、可持续判定与适应性管理”为研究主线，由历史到现在，由外部到内部，由客观到主观，由理论到实践，层层深入，依次展开，从恢复力视角揭示旅游地社会、经济、生态系统的发展轨迹及可持续状态。

二、研究方法

该著作综合旅游学、社会学、地理学、生态学等学科的相关理论与方法，突出表现在两方面：

一是强调定性与定量相结合。定性方法用于理论研究，表现在：对旅游地社会—生态系统的研究进展进行梳理，构建旅游地社会—生态系统研究框架，提出衡量旅游地社会—生态系统运行轨迹类型及可持续判定方法，构建旅游地社会—生态系统适应性管理框架。定量方法主要用于实证研究，具体体现在：采用耦合协调评价模型研究千岛湖受杭州都市圈的干扰水平，采用集对分析模型对区域恢复力进行测度，采用通径分析对社区恢复力及影响进行测度。

二是强调理论与实证相结合。将相关学科的理论、方法紧紧与实证研究相结合，避免理论、实证结合不紧密的研究缺陷。

理论与实证结合的分析方法

研究板块	理论运用	实证分析	结论
旅游地社会—生态系统适应性循环历程	适应性循环理论 扰沌理论	千岛湖旅游地社会—生态系统适应性发展过程	旅游地社会—生态系统适应性循环阶段划分与扰动要素
旅游地社会—生态系统外部干扰	扰沌理论 耦合协调理论	千岛湖与杭州都市圈的互动干扰	千岛湖与杭州都市圈的耦合协调阶段及影响因素
旅游地社会—生态系统区域恢复力测度	社会—生态系统理论 恢复力理论 脆弱性理论	千岛湖旅游地社会—生态系统恢复力指标体系构建、测度	千岛湖旅游地社会—生态系统脆弱性、应对能力、恢复力值及恢复力影响机制
旅游地社会—生态系统社区恢复力认知测度	社会—生态系统理论 恢复力理论	千岛湖旅游地社会—生态系统社区恢复力认知指标体构建、测度	千岛湖旅游地社会—生态系统恢复力社区认知值，以及驱动机制
旅游地社会—生态系统可持续判定与适应性管理	社会—生态系统理论 适应管理理论	千岛湖旅游地社会—生态系统运行轨迹、适应共管要素、潜在风险	千岛湖旅游地社会—生态系统可持续判定与适应性管理建议

三、理论创新和学术价值

（1）基于脆弱性、应对能力两大层面和社会、经济、生态三个子系统，建立系统的研究框架及测度评价体系，为恢复力定量测度提供理论范式，为可持续判定提供了新依据，开辟了旅游研究新领域。

（2）基于恢复力的不确定性，引入非线性方法集对分析和通径分析，揭示旅游地恢复力影响因子的 U 形曲线规律，提供了恢复力测度的可操作途径，丰富了旅游经济学方法体系。

（3）该著作是国内第一部在导向出版社出版的关于旅游地社会—生态系统恢复力研究的系统专著，其中包括核心论文 5 篇，获批课题 3 项，申请人成为国内旅游地社会—生态系统恢复力研究的代表性学者。

四、应用价值和经济、技术、社会效益

（一）实证应用价值与效益

该著作注重以下三个特点，体现了其实证应用的价值：

（1）从脆弱性和应对能力相互作用的视角，揭示在旅游地总体恢复力不断提高的现象下，脆弱性也在不断增加，指出旅游地发展应注重物质资本积累，避免过于偏向社会能力的创造。

（2）从社会、经济、生态及治理四个维度，揭示出社会、经济及总恢复力不断提高的趋势下所隐藏的生态风险及旅游单一经济系统过度支配而带来的脆弱性增加。

（3）从主客观两个层面，揭示出人的认知恢复力低于客观恢复力，人是社会—生态系统中的核心要素，其认知恢复力的提高是旅游地可持续发展取向的重要参考。

（二）实证推广价值与效益

（1）受邀美国肯特州立大学做学术报告，并被评为杰出报告，其校媒体（Facebook）报道。

（2）受邀 2018 中国旅游地理年会报告，受学者们广泛好评。

（3）著作基于恢复力视角，揭示旅游地可持续发展的深层社会生态问题，契合了国家生态文明建设要求。

文化资本视角下的民族旅游村寨可持续发展研究

作　　者：刘孝蓉
依托单位：贵州财经大学
成果类别：个人成果

一、研究内容

本书首先分析了民族旅游村寨目前的现实困境和相关理论的局限，提出了民族文化资本化解决村寨旅游发展和文化生态平衡问题的解决思路。其次，通过寻找民族文化经济价值评估方法，结合产权理论在民族旅游村寨的运用，为民族文化资本化提供理论架构，在此基础上，探寻民族旅游村寨文化资本化的实现路径，进而实现民族旅游村寨的可持续发展。为了验证思路的可行性，本文选取了贵州典型的民族旅游村寨西江千户苗寨作为实证研究，探讨了西江千户苗寨基于文化资本转化实现旅游可持续发展的路径。

二、研究框架和研究方法

（一）成果的研究框架

著作共分三个部分共 8 章对民族旅游村寨的文化资本问题进行了研究。第一部分是理论梳理，共分 2 章；第二部分是理论分析，共 4 章；第三部分是实证研究，主要包括 2 章。

第一章对研究理论背景与现实背景进行分析。探讨了文化资本化研究的意义，界定了主要研究内容及结构安排，并分析了创新之处。

第二章分析文化资本与文化资本化的缘起、研究方向、研究进展等。梳理了民族旅游村寨的研究现状与存在问题，并对旅游可持续发展的研究现状与进展进行了述评。在此基础上，简要分析了产权理论、价值理论、利益相关者理论、社区参与理论、社区增权理论等。

第三章探讨民族旅游村寨文化资本实现与可持续发展的关联。著作首先分析现有民族村寨相关的理论研究不能从根本上解决村民参与能力建设与利益分享的机制缺失问题。本书通过建立民族旅游村寨可持续发展目标体系，得出只有民族村寨村民的利益诉求与民族旅游村寨的可持续发展目标最为契合。而保障村民的利益诉求，第一步必须实现民族文化的价值提升和资本转化。

第四章探讨民族旅游村寨文化资本化实现的前提——民族村寨旅游资源总体经济价值评估。著作首先根据现有对民族文化分类体系的研究，将民族旅游村寨文化分为七类。由于民族村寨是一个统一的文化生态系统，因此统一对其总体价值进行评估。著作选用个人旅行费用法（ITCM，Individual Travel Cost Method）评估民族旅游村寨游憩价值，选用意愿调查法（CVM，Contingent Valuation Method）评估其非使用价值，两者加总构成民族旅游村寨文化总经济价值。

第五章探讨民族旅游村寨文化资本实现的基础——产权界定。通过对民族村寨旅游资源产权功能的分析得出村民集体应该有权对民族村寨旅游开发方式、发展途径、资本引进、门票价格等收益享有决定权，并有权对景区的所有权、经营权实行转让、变更、撤销的权利。需要在集体内部建立监督机制，保障村民内部利益的分配，帮助村民真正分享产权带来的收益。

第六章分析民族旅游村寨文化资本实现的具体路径。借鉴现有学者对文化资本的划分，并结合民族旅游村寨的实际，本文将民族文化资本分为实体文化资本与虚体文化资本，并认为实体文化资本的实现需要通过文化资源的产品化、文化产品的市场化、文化市场化运营与管理三个步骤来实现，而虚体文化资本需要通过身体化形态与体制化形态的转化加以实现。

第七章基于前述理论对西江千户苗寨文化资本的转化进行了实证研究。首先分析了西江千户苗寨的文化旅游资源的构成状况和旅游发展历程，接着通过对西江千户苗寨旅游开发核心利益相关者利益诉求的描述性统计，在此基础上利用 ITCM 方法评估了西江千户苗寨的游憩价值，利用 CVM 方法评估了景区非使用价值，得出西江千户苗寨旅游经济总价值。通过对西江千户苗寨现有产权现状的分析，界定村寨集体的产权客体，保障村寨集体行使旅游资源所有权主对旅游开发决策的权利，实现三权分离。

最后提出西江千户苗寨文化资本转化路径。

第八章对全书的研究内容进行总结。在分析存在不足的基础上，对今后的研究进行了展望。

（二）成果的研究方法

一是文献研究法：对“理论梳理”部分采用文献分析法，通过对国内外既有研究成果的梳理、归纳，进行概念、内涵、要素的界定和分析，为理论框架构建奠定基础。

二是田野调查法：通过调查走访观察了解西南地区民族村寨旅游发展现状，了解文化构成、保护与传承现状，据此来建立评价指标体系和权重。

三是定量分析法：在对民族村寨文化资本的转化机制中运用到定量模型的建立，利用描述性统计方面研究各利益相关者的主要利益诉求，利用成本分析法和意愿价值法研究民族旅游村寨的文化资源经济价值的核算。

四是案例分析法：在探讨民族村寨的文化资本转化路径时，通过选取西江千户苗寨这个具有典型特征的民族村寨，通过实证研究验证其文化资本化路径的可行性。

三、理论创新和学术价值

一是研究视角新。目前对于民族村寨旅游研究中，定量化研究较少，没有从文化资本角度对民族旅游村寨进行经济价值评估的前例。而现有文化资本研究也少见关注民族地区文化资本提升和转化。著作对民族旅游村寨文化经济价值进行了评估，对产权主客体及内容进行了界定，在此基础上探讨实体文化资本和虚体文化资本转化的具体实现路径，为解决民族旅游村寨目前存在的问题提供了全新的分析视角。

二是理论创新拓展。著作将文化资本理论与资源经济学发展理论相结合，将文化作为一种资源，对其经济价值进行定量评估，对文化的产权归属进行分析，探讨实体文化资本和虚体文化资本实现过程，是文化资本理论在经济学、民族学运用的拓展，开拓了文化经济学研究的新方向。

三是方法运用创新。本书对 TCM 方法进行了改进，用于评估景区文化旅游价值，并将 TCM 和 CVM 两种方法进行结合，将旅行成本等实际支出与旅行意愿等心理价格评估总价加总，在利用大量支付意愿问卷调查分析的基础上评估民族旅游村寨的非使用价值，是对两者方法运用领域的拓展。

四、应用价值和经济、技术、社会效益

一是为解决民族村寨旅游开发与文化传承的矛盾提供可行的思路。

现有民族村寨旅游开发日益普遍，不合理的开发方式破坏了当地文化，一方面使民族文化不可持续，而依靠民族文化资源开发的旅游经济也不足为续，亟须寻找一种可行的办法，实现两者的协调发展。基于现有的困境，本书提出了从文化资本视角将两者统一在一个框架下，通过文化资源向文化资本的转化实现两者的良性互动。

二是为民族村寨文化资源的价值评估与产权界定提供方法指导。

由于民族文化本身的复杂性与不可量化性，一直以来导致了民族文化的价值被低估，在旅游开发中被廉价使用，不能充分发挥民族文化的作用，推动当地人传承文化的积极性，文化面临逐步消失的威胁。本书借用现有受到普遍认可的旅行费用法（TCM）与意愿调查法（CVM）对民族村寨文化的游憩价值与非使用价值进行评估，为民族文化价值转化提供了决策依据，为实现文化资源的有效利用提供了参考标准。

三是为民族村寨旅游开发中的利益相关者协调管理提供参考依据。

民族村寨旅游开发中利益相关者之间的博弈推动了制度的变迁，现有民族村寨产权主体缺失，产权界定不清，导致产权的运用“政企不分”，严重影响了当地人获得利益分配的权利，打击了文化传承的积极性，著作对民族村寨产权的主体、客体、内容进行明确界定能够保障民族村寨当地人的产权权益，促进文化的保护与传承。

四是为民族旅游村寨文化资源优化配置与可持续利用提供决策依据。

著作通过对民族文化资源的评估和价值实现，并探讨利益主体的分配机制，使资源在市场经济条件下，由价值规律自动调节供给和需求优化配置，实现民族文化资源的合理配置和优化利用，能够更好地实现民族文化的产品化、市场化、资本化，进而实现民族文化的可持续利用和有效传承。

五是本书的经济、技术、社会效益：

第一，本书通过对现有民族旅游村寨不可持续现状的分析，寻找不可持续问题背后的深层次原因，提出了民族文化资本化解决文化保护与乡村发展平衡问题的思路，通过探寻民族文化价值评估方法，对文化产权的界定和分析，以及文化资本转化路径的研究，为民族地区乡村旅游经济发展提供了有益的思路借鉴。

第二，本书通过对民族地区文化资源优势转化方法的探索，为文化资源富集，生态环境优越，经济发展滞后地区的乡村振兴路径提供了理论分析，对国内外同类型地区脱贫致富、乡村发展、文化保护和传承促进地方发展提供决策参考。

移动电子商务对旅游产业链的影响与对策研究

作　　者：杨勇
依托单位：华东师范大学
成果类别：个人成果

一、研究内容

旅游移动电商的特性决定了旅游者使用时具有特定的旅游信息搜寻模式、旅游决策行为和消费习惯。尤其是，旅游者需求的即时性使得旅游产业链必须具有敏捷的反应能力。在旅游移动电商影响下，旅游产业链面临解构和重构的过程，其价值和目标需要从生存导向走向旅游者需求导向，实现从碎片市场到系统市场的转变，构建新型旅游产业生态圈，形成共生、共赢、互生和再生的开放型发展模式。

本书研究内容、重点和特色之处在于：

本书选择旅游移动电商对旅游产业链影响这一新的视角，通过分析当前我国旅游者需求及行为变化，结合旅游移动电商的特征研究其在旅游产业中“SoLoMo”式应用领域和途径，分析基于旅游移动电商的旅游产业链特征。

然后，本书研究基于旅游移动电商的旅游产业链的基本特征，从“In+SoLoMo”维度研究旅游移动电商在旅游产业链向“产业网”转变过程中的基础性作用。归纳了基于旅游移动电商的旅游产业链构建准则，识别基于旅游移动电商的旅游产业链运作机制。

最后，本书结合不同典型案例对旅游者移动电商使用行为和满意度进行深入的分析，探讨基于移动电商的旅游产业链发展政策措施。

二、研究框架和研究方法

在大量文献和应用案例研究的基础上，通过书面或电子资料的收集、实地调研、专家咨询和小组讨论等研究手段，本书首先研究旅游移动商务的主要特征及其在旅游产业中的应用途径，阐述这一新型旅游产业链模式的机制特征与运营模式。其次，分析基于旅游移动电商的旅游产业链构建原则，识别旅游产业链主体和关键关系，研究和刻画基于旅游移动电商的旅游产业链系统结构与不同模式。再次，结合典型案例研究建立、发展和优化基于旅游移动电商的旅游产业链体系的具体路径和方式。最后，提出相应的对策和建议。

为了顺利完成研究，本书在研究方法的选取上，以科学性为主要原则，结合以前众多学者对相关论题的研究方法，深入分析已有研究方法的优点和不足，最终采用了文献研究法、调查问卷法和统计分析法等研究方法。具体说来：

（1）文献研究法。本书研究通过全面搜集整理文献，查阅了大量国内外关于旅游电子商务、移动电子商务、消费者行为等各方面的研究成果。通过对这些文献的梳理总结，为本书的选题、立意提供了理论依据，同时为本书的研究设计和成果提供了理论支撑。

（2）调查问卷法。本书研究选择从旅游者的视角出发，采用调查问卷的方法，对旅游移动电商背景下旅游者需求和旅游行为进行研究，从而归纳总结其行为特征和影响因素。通过实证分析并与传统意义上的旅游者消费行为进行对比，发现当前旅游业面临的问题和需要改进的方面。

（3）统计分析法。通过调查问卷，利用数据挖掘方法研究不同旅游者群体旅游移动电商信息搜索行为、使用偏好、消费内容和特征等，建立旅游资料数据库，深入分析旅游者个性特征和生活方式。通过系统化的、严谨的学术研究判断基于旅游移动电商的旅游产业链为旅游者提供社会价值、情感价值、功能价值和体验价值等关键维度，为基于旅游移动电商的旅游产业链构建提供方向和指导。

（4）案例分析法。选取具体的案例，提供理论分析所不能实现的现实洞察。具体来说，以携程、同程、驴妈妈等旅游移动电商为例，对具有普遍性的旅游移动电商盈利模式进行案例式分析。探讨旅游移动电商与传统旅游企业结合的合理途径，以及未来盈利模式的调整与发展方向。在比较分析不同模式的基础上，分析移动电商对旅游产业链的影响，获取提供理论分析所不能实现的现实洞察。

三、理论创新和学术价值

旅游业是移动电商应用的主要领域之一。移动电商不仅改变了旅游者的购买行为和旅游习惯，而且相应地改变了旅游产业链的组织方式，形成了旅游产业链发展的新模式和新途径。

本书研究的理论意义和学术价值在于：

一是无论是基于旅游移动电商的旅游产业链构建，还是基于旅游移动电商的旅游产业链研究目前都还处于初级阶段。本书通过对旅游者行为的研究，找出旅游移动电商对旅游产业链的影响路径和机制，为有效推动旅游移动电商下旅游产业链的发展提供理论指导。

二是旅游产业链虽已成为学者们研究旅游移动电商问题时反复提及的概念，但是，究竟移动电商下旅游产业链的基本形态是什么，却鲜有明确的研究结果，对旅游移动电商对旅游产业链影响理论和案例的研究也比较鲜见。对这些基础性理论研究的不充分，导致旅游产业相关问题的研究缺乏理论体系支撑，很多研究课题难以深入，同时也导致旅游产业发展过程中许多实际问题难以解决。鉴于此，本书对旅游移动电商对旅游产业链影响途径和机制进行认真分析，据此对基于旅游移动电商的旅游产业链基本特征、形态和运行机制进行研究和刻画，为旅游产业研究的开展和现实问题的解决提供基础性理论依据。

四、应用价值和经济、技术、社会效益

旅游移动电商的飞速发展给旅游产业链带来了极大的冲击，传统的旅游层级式的产业链已经无法适应新的旅游商务方式，改变并调整旅游产业链已成为亟须解决的问题。移动通信、互联网及其终端设备的更新换代从根本上改变了传统旅游产业链的商业基础、内容体系和发展机制。在此基础上，如何运用移动电子商务的优势，有效克服传统旅游产业链的问题，成为当前日益需要重视的问题，对旅游业的长足发展有着深远的意义。如何基于移动电商重构当代旅游发展理论，创新旅游产业链内容及组织体系，真正把旅游产业打造成为群众满意的服务业，是亟须解决的现实问题。

就政策措施而言，基于旅游移动电商的旅游产业链发展需要更加完善的制度环境和更加配套的商业环境。虽然移动电商在旅游产业中的实践获得快速发展，但是，旅游移动电商环境的成熟和政策法规的建设等依然是亟待在发展中解决的问题。有关部

门对其具体的作用机制和规律不够了解，导致政策关注力度、政策效度、政策着力点选择不够准确，如何利用移动电商发展旅游业，并进行有效管理，依然是困扰很多地方政府的重要问题。

鉴于此，本书关于旅游移动电商对旅游产业链影响的研究，不仅有助于全面深刻认识新形势下旅游产业发展的本质和特征，辨明未来旅游业的发展方向和趋势，而且有助于旅游行业管理部门从宏观角度对新形势下旅游产业链进行协调和管理，为我国目前旅游管理体制的改革提供思路，制定有效的管理政策，实现旅游业的持续性健康发展。

首先，本书总结分析旅游移动电商下旅游行政主管部门和市场主体的行为在目标设定、资源开发、商业组织、要素配置和品质提升等方面的改变，研究了如何构建旅游移动电商下促进旅游产业链多元利益主体相互促进、共同发展的政策体系。其次，分析移动电商下旅游产业链发展如何处理好“有效市场”与“有为政府”之间的关系，以旅游者满意度为导向，构建适应大众旅游和国民休闲时代需要的旅游业促进和宏观调控体系。在此基础上，从政府扶持旅游移动电商的发展、完善旅游移动电商宏观环境、以旅游者为中心延伸和拓展旅游产业链等角度提出具体的政策措施。

旅游驱动下民族社区演变特征及机制

作　　者：李亚娟
依托单位：华中师范大学
成果类别：个人成果

一、研究内容

西南少数民族聚集区具有重大的生态价值，同时又是生态环境脆弱区和自然灾害事故频发区，向来是全国重点扶贫地区。新时期开放环境下的西南民族社区在自然、景观、经济、社会和文化方面均呈现出新的特征，城市化和现代化进程的加速使该区域承受外来文化的冲击，面临传承与转型的新发展模式的选择。而旅游业作为西南民族地区发展的优选产业，在丰富社区居民生计多样性的同时，也为社区带来了新型的脆弱性。

本研究基于人文地理学、旅游学、景观生态学和民族生态学的理论方法，结合人类学的田野调查方法，以贵州省黔东南州为例，运用RS和GIS空间分析技术展开了以下研究：

（1）本研究梳理了国内外民族社区以及民族旅游研究成果，并基于“人地关系”视角提出并系统阐释了“民族社区”概念内涵与范畴界定；

（2）归纳总结黔东南州民族社区历史形成脉络和演化阶段；

（3）从产业结构、社区空间、景观格局、社会关系和民族文化五个方面分析探讨转型急变阶段黔东南州民族社区演变特征和旅游发展特征；

（4）通过构建可持续旅游生计框架，找寻制约西南民族社区演变及制约旅游业发展的影响因素，进而探索其演变机制；

（5）从生计脆弱性的视角出发，分析位于不同旅游生命周期民族旅游社区在旅游驱动下所带来的生计资本演变特征，揭示出由传统农耕生计方式与新型旅游生计方式间的冲突带来的影响社区可持续发展的新型脆弱性；

（6）基于以上研究，尝试提出减少脆弱性并实现社区可持续发展的对策，从多层次、多角度有针对性地提出改善空间格局、维持传统生计和提高生活质量的旅游发展模式和优化途径，使乡村民族社区之间、社区内外以及社区与生态背景之间处于和谐稳定的局面。

二、研究框架和研究方法

本研究基于概念阐释—特征分析—机制阐释—脆弱性诊断—模式探讨的研究思路，基于对民族社区的概念阐释和范畴界定，为研究对象的确定提供理论基础。以旅游发展以来的民族社区生计方式变迁过程分析为主线，以社区路径探讨为研究核心。基于定性定量相结合的研究视角，以贵州省黔东南州为例，重点探讨 21 世纪以来旅游生计方式发展下的社区演变特征及旅游发展特点，基于可持续旅游生计框架，归纳总结民族社区旅游发展的影响因素，进而探索其演变机制，在此基础上诊断旅游开发以来产生的生计脆弱性问题，并提出民族社区可持续发展的新路径。具体的研究框架如图 1 所示：

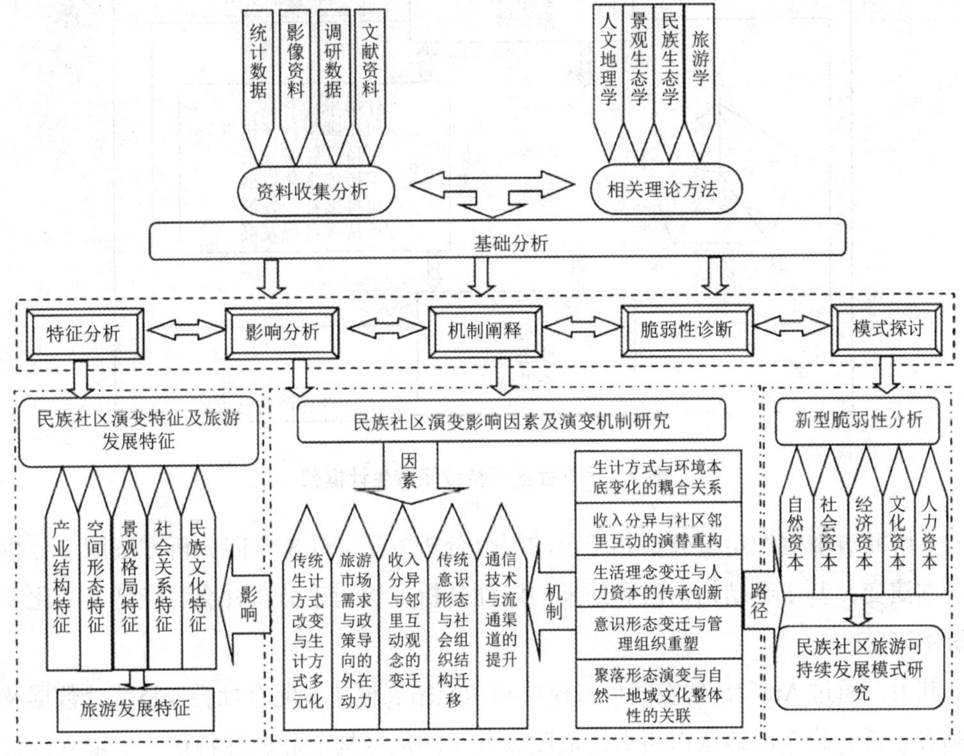

图 1　研究框架

本研究根据问卷调研结果发现，社区居民对旅游发展感知主要反映在经济、社会、文化、人力和自然五个方面。在国外可持续生计方式框架（DFID，2002）以及可持续旅游生计方式框架（Shen，2008）的基础上，本研究对生计资本进行有效调整和改变，构建了"旅游可持续生计框架结构"用以探索多样生计方式下的社会文化问题和各利益相关者之间的复杂关系（见图 2）。旅游生计方式的出现吸引了大量相关利益群体的加入，大量外来资本投入和日渐复杂的角色关系改变着生计资本，反过来又产生了新的脆弱性，直接挑战着可持续生计结果以及生计多样性的均衡。可持续生计框架由四部分构成。（1）脆弱性背景；（2）生计资本；（3）主要利益相关者；（4）生计结果。该框架体系与旅游目的地生命周期理论相结合，深入分析位于不同生命周期的民族旅游社区其生计资本、生计结果、生计脆弱性特征等内容的区别。

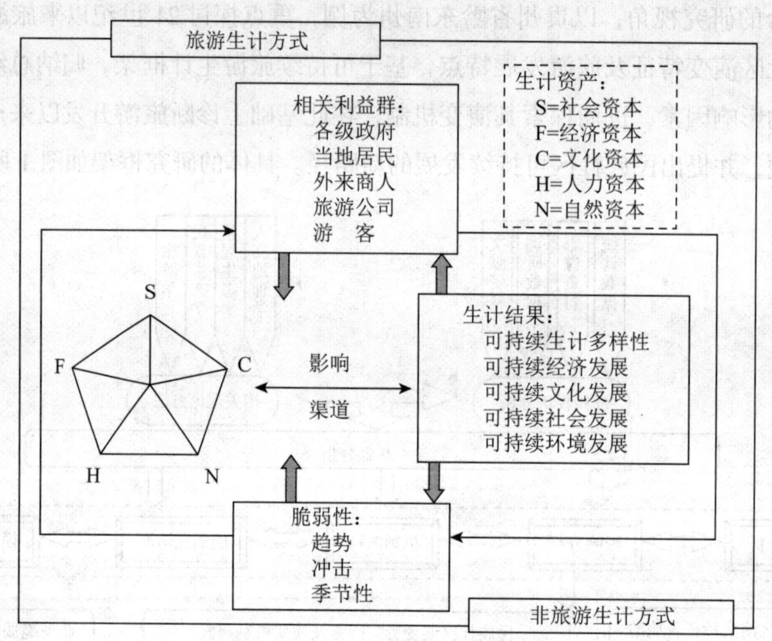

图 2　民族社区可持续旅游生计框架

本研究选取定性定量分析相结合的混合分析方法。GIS 空间分析方法用于分析自然资本演变，基于半结构访谈和问卷的定性分析方法用来分析社会、经济、文化和人力资本演变。

其中，通过 ArcGIS 的空间分析模块和功能拓展模块，配合社会经济统计数据及问卷调查分析，较全面地认识西南山地民族社区的地域构成和属性特征，定量分析各社区内部的构成关系。并结合景观指数分析等方法，分析土地利用和景观格局动态变迁程度，深入地了解各民族社区的旅游空间关系和空间关联性。

通过田野调查方法和参与性农村评估相结合的方法，深入了解山地民族社区生计变迁的现状特征及居民对旅游影响的感知，从而获取生计资本变迁和生计脆弱性的一手数据，以便有针对性地提出缓解生计脆弱性的民族社区重构新路径。

三、理论创新和学术价值

民族地域文化资源与生计环境的保护性利用，是人文地理和民族文化学交叉领域研究的重要内容。本研究以贵州省黔东南地区为案例，探讨少数民族人文生态社区转型发展问题，其理论创新点和学术价值可从以下几方面体现：

（1）首次基于“人地关系”视角提出并系统阐释了“民族社区”概念内涵与范畴界定；

（2）刻画了“民族社区”形成演化的过程、类型及其基本特征，为落实人文地理和民族文化交叉研究构建了一个新的地域平台；

（3）探讨了西南民族社区演变的影响因素与相互作用机制；

（4）揭示了民族社区演化的自然与社会属性的自适应过程及其脆弱性特征；

（5）将地理空间分析技术与民族学研究方法有机结合，丰富和拓展了学科研究思路和技术路径。

四、应用价值和经济、技术、社会效益

本研究成果已与贵州省黔东南州旅游相关行政部门和研究人员分享，使其了解黔东南州山地民族社区旅游发展存在的问题，并通过研究结果，为后续民族社区的可持续发展提出科学的路径策略，从而促进黔东南州民族旅游产业转型升级。本研究还可供旅游学、社会学、民族学、地理学等领域的研究人员、大学教师、在校学生，以及从事扶贫、旅游开发、文化经济建设等领域的政府官员和相关行业管理人员参考阅读。

凤凰涅槃

——旅游语境中的浙西南畲族文化变迁研究

作　　者：邱云美
依托单位：丽水学院
成果类别：个人成果

一、研究内容

不同的民族地区由于所处的自然环境和人文环境各异，以及经济社会背景与发展机遇不同，社会文化变迁过程极其复杂且各有差异。特别是东部少数民族聚居区，处于周围发达经济和强势文化的包围中，影响民族传统文化变迁的因素会更复杂，强度也会更大，民族文化保护也就显得更紧迫。在这样的社会文化背景下，本书紧密结合中国旅游业发展的实际情况，以畲族人口聚居的浙西南为案例地，开展旅游影响下的畲族文化变迁与保护研究，其中对旅游价值较高的畲族民间歌舞、畲族“三月三”和畲族服饰进行了重点研究。研究框架由理论、实证研究和结论三部分共八章组成。

二、研究框架和研究方法

理论部分即为本书第一章绪论，介绍本研究的背景和现实意义、研究方法和研究框架，并对国内外的相关研究进行了回顾综述，在此基础上提出对未来民族文化旅游研究的展望以及本研究的视角。

第二部分为实证研究，即本书的第二章至第六章。实证研究从畲族发展历史和畲族文化梳理着手，在分析畲族文化特征、传承方式和变迁现状的基础上，通过对比分析研究旅游嵌入引起浙西南畲族文化的差异性变迁，其中以旅游价值较高的畲族“三月三”传统节庆、畲族民间歌舞和畲族服饰为研究重点。为了从影响畲族文化变迁的诸多因子中析出旅游因子的影响，本成果从不同行政级别的民族自治区域角度，选择了不同层次的案例点进行对比分析。其中第二章研究畲族族源、迁徙和畲族文化特征，以及与旅游相关的畲族文化事项。第三章畲族文化的“凤凰涅槃”，主要研究畲族文化挖掘、研究、保护和利用工作发展历程，以及在新时代民族政策和民族文化旅游产业推动下畲族文化迎来前所未有的发展机遇和对畲族文化的影响。第四章从畲族四部大戏《畲山风》《畲家谣》《千年山哈》和《印象山哈》着手，研究畲族歌舞如何由民间进入旅游市场实现商品化，以及旅游对畲族传统歌舞元素变迁的影响。第五章研究畲族“三月三”到畲乡“嘉年华”的变迁。从畲族“三月三”传统节庆渊源和民间传承着手，分析旅游语境下景宁畲族自治县、丽水金华交界的“竹柳新桥”四个畲族乡镇、温州四县市畲族聚居区的畲族“三月三”节庆的差异性变迁，以及景宁畲族自治县如何从畲族“三月三”转身为畲乡“嘉年华”。第六章以畲族彩带为重点，研究旅游语境中畲族服饰的变迁。通过对上述案例点和相关畲族文化变迁的调查研究，寻找两类畲族社区社会文化变迁的差异，并从影响畲族旅游社区文化变迁的复杂因子中，剥离出旅游产业因子在文化变迁中的作用，探讨浙西南畲族旅游社区民族文化变迁的途径与模式。

第三部分为结论，即浙西南畲族文化变迁机制和畲族文化与旅游可持续发展。其中第七章在上述对浙西南畲族旅游地文化变迁实地调查研究和对比分析的基础上，结合目前已有关于我国中西部和边疆地区民族旅游地文化变迁的研究成果，概括出在总体经济发达背景下的浙西南畲族旅游地与西部欠发达地区民族旅游地文化变迁的异同，并提炼出浙西南畲族旅游地文化变迁的特征。第八章根据前述研究得出开发利用是民族文化保护传承的有效途径的结论，并进一步从民族文化保护体系构建和整体性保护视角探讨浙西南畲族文化和旅游可持续发展路径，为东部其他地区民族文化旅游可持续发展提供借鉴。

本课题综合运用了人类学、社会学和地理学等多学科研究方法。在深入调查分析不同案例地的基础上，结合文献分析和访谈资料，通过对比分析，把握畲族文化历时变迁和共时差异，以此在影响畲族文化变迁的诸项因素中析出旅游因素所起的作用。通过相关案例地的对比，分析旅游可持续发展和畲族文化保护的路径等。具体主要采取以下几种方法：

（一）文献资料分析法

文献资料分析是研究的基础。该研究分析的文献资料主要包括：国内外相关研究成果，畲族志和相关畲族文化研究材料，研究案例点所在区域政府相关部门工作总结，媒体对畲族文化及非遗传承人和研究案例点的报道。

（二）实地调查法

实地调查是本研究最主要的方法，主要包括参与观察、深度访谈和问卷调查。

（1）参与观察法。参与观察法是本课题最基本的研究方法。在本课题研究过程中，课题组成员对浙西南景宁畲族自治县的鹤溪镇、“中国畲乡之窗景区”、凤凰古镇、畲族文化演艺项目旅游版《印象山哈》以及泉坑村、东弄村、李宝村、上寮村、伏叶村和深垟村等畲族村落，莲都区东西岩景区以及上塘畈村、山根村等畲族村落，松阳金村、麒上畲族村，文成县龙麒源景区以及培头村，福建宁德上金贝村等进行了深入观察和调研，参与观察畲族文化在旅游产品中的表现形式以及在不同村落的变迁状况，了解村落的产业发展，以及畲民的经济和社会交往，进一步挖掘其深层次的文化原因，理解其文化本质。并在2013年、2014年的“三月三”期间，全程参与观察“中国畲乡三月三”活动，了解“三月三”期间畲族文化元素在畲族文化旅游产品开发、畲乡旅游环境营造和畲乡旅游营销中的运用。

（2）深度访谈法。本研究涉及的访谈对象主要包括：一是旅游局、民宗局、文化局、宣传部、全国畲族文化发展基地办公室以及畲族乡镇和村干部等政府相关部门的工作人员，了解畲族文化旅游发展背景和运行机制、民族政策、畲族传统节庆等文化活动的运行情况。二是熟悉畲族文化和旅游的专家学者、畲族文化产业开发者和畲族文化非遗传承人，了解畲族文化的本源、历时变迁、畲族文化元素在旅游中的运用和取舍等。三是畲族村落居民，了解他们对畲族文化旅游的感知等。通过深度访谈，进一步了解畲族文化的内涵和特色，不同主体在开发利用畲族文化时选择畲族文化的价值标准，以及对畲族文化变迁方向的影响，共涉及访谈对象83人次。

（3）问卷调查法。课题组设计半结构性问卷“社区居民畲族文化变迁感知和民族文化态度调查问卷”，分别在2014年7月6—15日在“中国畲乡之窗景区”、封金山景区、泉坑村、伏叶村和东弄村进行问卷调查，2015年1月1—9日，对莲都区沙溪村、上塘畈村、山根村和仁宅村的村民进行随机抽样调查。其中大均村、金坵村、伏叶村和沙溪村属于旅游畲族村落，东弄村、泉坑村、上塘畈村、山根村和仁宅村属于未发展旅游的畲族村落，两种类型畲族村落各发放问卷500份，分别收回有效问卷452份和438份，通过问卷来收集较为广泛的资料，以较全面把握浙西南畲族村落文化在旅游影响下的变迁状况。

（三）对比分析法

本成果主要从时间和空间维度，对畲族文化的变迁和差异进行对比分析，从中析出旅游在畲族文化变迁中所起的作用。对比分析法是贯穿研究始终的方法。通过对比研究旅游嵌入、国家政治权力以及精英在畲族文化变迁中的作用，以及旅游嵌入对国家政治权力导向产生的影响。

（四）定性分析与定量分析相结合

本研究主要通过对比分析和系统分析两种定性研究方法。定量研究的数据主要来源于两个方面：一是对畲族村落居民的问卷调查，通过问卷调查了解畲族村落居民对民族文化认知和变迁感知程度，以及旅游对畲族文化变迁的影响程度。二是相关部门提供的统计数据，了解畲族文化旅游和畲族文化发展情况。

三、理论创新和学术价值

成果的创新性主要表现在：从旅游影响角度研究了我国东部总体经济发达背景下少数民族的民族文化变迁和调适，通过对受旅游影响和未受旅游影响两类畲族社区的对比研究，以及畲族文化旅游产品的观察分析，剥离出畲族文化变迁影响因子中旅游因子的作用。

从国内已有研究的少数民族空间分布来看，都位于总体经济欠发达的中西部和边疆地区，而对东部总体经济发达背景下的少数民族聚居区很少给予关注，尤其是缺乏对东部少数民族旅游地社会文化变迁的整体把握。本成果从旅游影响角度研究了我国东部经济发达地区民族文化旅游发展与民族文化变迁，通过对比分析，在影响民族旅游地文化变迁的各种复杂因子中，剥离出旅游产业发展因子，分析东部经济发达地区影响畲族文化变迁的主要因素，寻求东部经济发达地区畲族文化变迁特征，以及旅游因素对文化变迁产生的影响，寻求它们之间的内在逻辑，得出研究结论。项目成果对我国东部总体经济发达背景下的民族文化保护和调适具有指导意义。

本课题的学术价值主要体现在：系统研究成果补充和丰富了民族文化旅游研究案

例，弥补了目前我国缺乏东部少数民族地区民族文化旅游系统研究的缺憾，完善了民族学、人类学和旅游学的学科体系。

四、应用价值和经济、技术、社会效益

结论性成果对东部少数民族地区旅游经济和社会文化协调发展实践具有一定的指导意义，对中西部少数民族旅游社区也有借鉴作用，为非旅游目的地的民族社区现代化进程中文化保护研究积累了经验。本成果的部分成果已成为丽水市、泰顺县、金华市、余姚市等多个县市的民族部门工作人员、少数民族乡镇干部、畲家乐民宿经营业主培训的主要内容，为畲族地区文化开发利用和保护提供了指导；对景宁畲族自治县和莲都区的相关旅游规划进行了编制和指导。

基于供需特征分析的中国邮轮旅游发展策略研究

作　　者：张言庆
依托单位：青岛大学
成果类别：个人成果

一、研究内容

该成果的研究内容主要包括以下八个方面：

第一，对国内外邮轮旅游研究文献进行了系统梳理和分析。研究发现国内邮轮旅游领域的学术研究最早出现于2003年，但直到2006年及之后才出现较多数量和较高质量的研究成果，2010年以后成果数量和研究水平有了进一步提升，这与我国邮轮旅游产业发展的历程高度一致。国外相关研究虽然更早且水平较高，但研究数量较少，研究主题较为分散。通过对中外研究文献的分析，可以发现邮轮旅游方面的研究成果主要是围绕邮轮旅游的经营管理开展的应用性研究，且国外文献侧重邮轮旅游市场研究，国内文献侧重区域邮轮旅游发展研究。国外文献在邮轮旅游的经济、环境和社会影响方面的研究要远多于国内文献。

第二，分析了全球和中国邮轮旅游产业的现状和格局。根据相关数据资料，总结了全球邮轮旅游产业发展情况，得到了全球邮轮旅游业快速增长、主要邮轮旅游区域较为集中、全球主要邮轮市场主要集中在北美地区、亚洲邮轮市场逐渐兴起等结论，同时，对全球邮轮旅游的发展历程做了归纳、对全球各大区域邮轮旅游市场进行了分析、对全球邮轮港口和航线分布进行了概括。同时，总结和归纳了中国邮轮旅游的发展历程和发展现状，主要包括中国近年来国家和地方层面出台的促进邮轮旅游发展的政策、中国邮轮港口和码头开发现状、中国邮轮旅游业务经营现状、中国（大陆）境内邮轮企业发展现状和中国邮轮旅游消费发展情况。总体来看，中国邮轮旅游产业近年来获得了快速发展，尤其在邮轮港口基础设施建设方面成就尤为突出，但是在邮轮经营实体成长方面仍显薄弱，缺乏有竞争力的本土邮轮企业，邮轮旅游产业链亟待完善。

第三，深入探讨了邮轮旅游的经济产业特征、发展趋势、经济社会与环境影响。成果归纳出邮轮旅游产业六大特征：全球化网络的节点经济特征、聚集性特征、规模经济特征、寡头垄断的市场结构特征、区域发展不平衡、邮轮运营的地理季节调配特征；总结了现代邮轮旅游业未来发展的四大趋势：邮轮巨型化趋势、主题化趋势、近程化趋势和联营化趋势。采用经典的 SCP 范式对全球邮轮旅游的产业组织特征进行了分析。此外，归纳分析了邮轮旅游发展对区域的经济社会与环境影响。

第四，对全球执航邮轮基本船型参数和运营指标的统计与分析。成果从总注册吨位、载客量、船龄、船员数、船长、船宽、造价、船速、吃水深度、空间比、乘客 / 员工比和注册地等方面，对全球 48 家邮轮公司的 264 艘邮轮进行了系统的统计分析。研究表明，邮轮大型化演变趋势明显但有所放缓；邮轮功能日趋多样化且科技含量日益突出；现代邮轮更加注重提供充足的活动空间和轻松自由的氛围。

第五，对比分析了区域邮轮旅游发展模式和邮轮公司运营模式。研究发现：美国的邮轮旅游属于典型的“总部经济”和“母港模式”，表现为邮轮客源输出量和母港游客接待量远大于停靠港游客接待量，邮轮旅游的区域集中度高，行业关联度大且对个人和公共服务业的经济贡献最为突出。欧洲的邮轮旅游属于“综合经济模式”和“全产业链模式”，表现为邮轮制造业发达且经济效益突出，停靠港游客接待量远大于母港游客接待量但两者经济收益相当，邮轮旅游的行业关联度大但对制造业的经济贡献最显著，邮轮的区域集中度较高。加勒比海地区邮轮旅游属于典型的“停靠港模式”，邮轮旅游以接待停靠港游客为主，且各邮轮港经济收益主要来自游客的购物、游览、餐饮等花费支出，产业关联度较小，游客人均产出低。成果还总结了嘉年华集团、皇家加勒比集团和云顶（香港）集团三大邮轮巨头的运营管理模式，并结合中国现状，提出了我国本土邮轮公司集团化发展的策略建议。

第六，实证研究了国内外邮轮旅游市场需求特征。成果首先利用二手数据对北美邮轮旅游市场的需求特征进行了研究。然后，分别对国内游客、新婚群体、老年群体三个潜在邮轮旅游消费群体的认知和需求意向进行了实证研究，并以上海国际客运中心返程游客为对象进行了国内邮轮游客的消费特征及满意度研究。研究发现，北美邮轮旅游者具有“邮轮旅游者的年龄层次偏高、邮轮游客的提前预订时间比较长、大多数邮轮游客倾向于选择大型邮轮、有相当数量的邮轮游客通过旅行社预订邮轮产品、邮轮旅游者倾向于家庭出游、邮轮旅游者的重游率很高、比非邮轮旅游花费偏高、倾向于舒适享受方面的利益诉求”等特征。而国内现实邮轮旅游者除了表现出收入层次高、游伴以家人和亲戚为主、倾向于使用旅行社等相同特征外，还表现出年轻化、追求新奇体验等不同于北美邮轮游客的特征。

第七，总结了邮轮港口发展的关键要素并进行了国内邮轮港口的竞争力评价。首先通过文献分析和案例分析归纳了邮轮港口发展的关键因素，然后建立了一个包括4大因素、19个指标，用来评价国内邮轮港口竞争力水平的指标体系。最后，利用专家主观评价数据，结合指标权重，计算出国内11个港口的邮轮旅游竞争力水平。11个港口城市的竞争力排序为从竞争力评价得分来看，上海、天津、三亚在80分以上，属于第一层次，厦门、深圳、青岛、大连、海口、宁波在70分以上，属于第二层次，而舟山、烟台位列第三层次。

第八，提出了中国邮轮旅游发展的策略建议。本研究在上述七个方面的研究基础上，充分吸收已有研究结论和成果，总结了中国邮轮旅游发展中存在的法律法规、政策、人才、市场、基础设施等问题，并提出了全国邮轮旅游发展规划编制的战略思路、鼓励和扶持企业发展的具体思路、开展邮轮旅游市场开发和专业人才培养的基本策略、放松管制加大政策创新的具体思路等众多切实促进我国邮轮旅游发展的策略建议。

二、研究框架和研究方法

成果的研究框架如下页图所示。所使用的研究方法主要有问卷调查、访谈法、统计分析、实地调查等。

（1）问卷调查法。为获取中国邮轮旅游市场的一手市场数据资料，研究团队投入大量人力和财力，分别在上海、天津、青岛等地进行了近2000份的问卷调查，提高了研究成果的创新性和实用性。

（2）统计分析法。使用EXCEL、SPSS等统计分析软件，对所获数据进行了多角度的深入分析，力求挖掘出数据资料反映的特征和规律。

（3）实地调研法。研究过程中除了阅读大量国内外文献和统计报告外，还对国内的上海、天津、三亚等邮轮港口及城市进行大量调研；并利用参加亚洲邮轮大会、中国邮轮产业大会的机会，对相关邮轮公司和邮轮港口进行了实地调研，收集到大量一手资料。

（4）访谈法。课题组在邮轮港口和邮轮企业开展实地调研，以及充分利用参加各种行业会议的机会，积极与企业负责人、业界专家学者开展沟通与交流，获得了大量与本文研究相关的信息和数据。同时，在进行问卷调查之前，都结合调研对象先期进行了访谈，以优化问卷设计并提高调查效率。

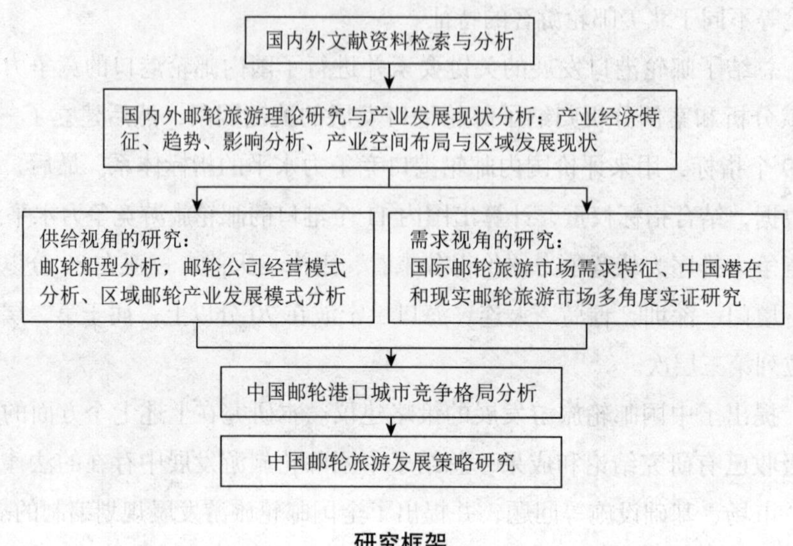

研究框架

三、理论创新和学术价值

成果的理论创新和学术价值体现在三个方面：一是面向国内居民开展邮轮旅游认知及消费意向的实证研究，分析了国内居民的邮轮旅游消费感知情况；刻画国内游客的邮轮旅游体验质量状况和满意度水平。二是归纳了国际知名邮轮公司的经营模式和经营策略，归纳了全球主要邮轮旅游发展地区的开发模式及特征。三是建立了一个全面系统的用以分析邮轮港口旅游发展潜力和竞争力的评价模型。

四、应用价值和经济、技术、社会效益

成果的应用价值主要体现在以下四个方面：

一是为国家邮轮产业发展决策部门提供关于全球邮轮经济发展的系统信息，包括全球邮轮经济发展总体情况，邮轮公司设立及运营情况，邮轮港口建设及开发情况，邮轮船舶船型基本情况及发展趋势，邮轮客源市场情况等方面的信息。

二是为国内港口城市发展邮轮经济提供了相应的参考依据，向有发展邮轮经济意

愿的港口城市构建了一个审视自身发展条件和差距的框架体系。

三是为国内有意发展邮轮业务的企业提供了关于全球邮轮市场、国内邮轮产业发展情况等方面较为系统的数据信息，并提供了相应的邮轮企业发展模式及经营策略借鉴。

四是为邮轮经济研究人员提供了较为翔实的文献资料线索及研究思路导引，并在邮轮港口竞争力评价、邮轮旅游经济影响分析等方面提供了可资借鉴的理论框架和模型。

本研究部分成果被原山东旅游局邮轮旅游产业发展调研小组采用，对推动区域邮轮旅游产业发展起到了一定的作用；部分成果被收入《2014 年中国邮轮产业发展报告》；阶段性研究成果“基于 SCP 范式的国际邮轮旅游产业组织分析”获 2014 中国旅游科学年会优秀论文奖；依托本课题研究，依托单位获批“青岛国际邮轮人才培养基地”，并开展了一系列邮轮专业人才培训。

现代性与乡土性的博弈：民族社区旅游发展困境的理论透视

作　　者：刘旺，柳红波，蒋敬
依托单位：四川师范大学
成果类别：集体成果

一、研究内容

《现代性与乡土性的博弈：民族社区旅游发展困境的理论透视》一书是国家社科规划基金西部项目“民族社区旅游发展与民族传统文化保护‘双赢’的调控机制研究”（09XMZ059）的最终成果。该书聚焦于民族社区现代性与乡土性的博弈特征，结合民族社区旅游发展过程中旅游现象的复杂性与特殊性等诸多困境，综合运用社会学、经济学、人类学等学科理论和方法，以差序格局、人力资本、文化资本、社会资本等理论为基础，动态性论述了民族社区旅游资源系统性特征、旅游发展对民族社区乡土社会结构的影响、民族社区非物质文化遗产向人力资本的转变及人力资本视野下非物质文化遗产的传承与保护、旅游发展与民族社区社会资本的变化关系，较为全面地透视了民族社区旅游发展过程中各种矛盾、冲突的内在机制和内生性发展困境。探讨了现代性背景下民族社区旅游可持续发展的内在规律，从制度设计视角为民族社区旅游发展与传统文化保护的“双赢”提供了新思路。

二、研究框架和研究方法

本书采用微观与宏观相统一、规范与实证相结合、定性与定量相结合的研究方法。

在研究过程中，首先进行理论构建，然后选择典型案例区域，通过实证研究探索旅游活动对民族社区社会文化的影响程度和内在作用机制。本书核心部分共为四章：

第一章，主要研究民族社区旅游资源结构特征与开发困境。研究在梳理已有成果基础上，进一步深入剖析民族社区旅游资源内在结构特征，揭示民族社区旅游资源具有集聚特征、群体性、公权与私权交织特征、人力资本特征。民族社区旅游发展面临三大困境：一是旅游活动引起原本属于社区居民的日常生活场景向具有展演、观光功能的舞台场景转变过程面临的困境；二是由社区传统文化的“天然习得”向市场经济环境下传统文化的“有意而为之”的转变，价值理性与工具理性发生冲突，民族社区传统文化的继承和发展面临困境；三是旅游活动引起社区居民“自发自在”的行为模式向“自由自觉”的行为模式的转变，这一转变过程中，社区居民将面临深层次的内生困境。

第二章，主要研究旅游活动对民族社区乡土特征的影响。研究以本土化的乡土社会学为基础，以反映我国乡土社会结构特征的差序格局理论为依据，开发测度旅游活动对民族社区乡土社会特征影响的量表，选取甲居藏寨作为典型案例区域，定量分析旅游活动对民族社区乡土社会特征影响的程度。研究发现：旅游发展后，民族社区居民之间经济利益往来增多，各种社会关系中的“工具性成分”日益扩大，并不断冲击着“情感性成分”。其中，对血缘关系的冲击较小，但对亲属关系、地缘关系、人情关系、邻里关系产生的冲击较大，人与人之间的尊卑等级和亲疏远近发生了变化，从而动摇了维系原有“差序格局”社会结构的邻里关系、地缘关系等基础因素，但差序格局的基本面仍然存在。

第三章，主要研究旅游发展与民族社区非物质文化遗产保护的关系。研究从人力资本理论的视角，研究在新的社会经济文化背景下，非物质文化遗产传承与保护的微观机制。在市场经济环境下，非物质文化遗产从“地方性知识”转变为能够产生经济收益的“人力资本”。在这一身份转变过程中，非物质文化遗产的传承也由“天然习得”到“有意而为之”。即从文化的濡化过程到文化的主动选择过程，在主动选择过程中，对于一些不能产生经济收益或者投资收益较低的非物质文化遗产，社区居民便没有积极性进行主动学习方面的投资，因此面临消失的危险。最后综合运用人力资本理论，提出从明确非遗保护主体、坚持多元化保护手段和采用差异化的保护策略实现民族旅游社区非物质文化遗产的保护传承。

第四章，主要研究旅游活动对民族社区社会资本的影响。研究从西方社会资本理论视角，分析研究旅游活动与民族社区社会资本变化的关系。民族社区旅游发展过程中出现的社会问题，可归结为社会资本的流失。对于民族社区而言，社会资本产生于民族长期的发展过程和发展环境中，它支撑着民族社区的运行，社会资本是民族社区发展中能够促使人们实现发展目标的基本动力和润滑剂，是发展中不可缺少的资本，也是旅游得以发展的重要社会基础和支撑。只有系统重构、培育社会资本才能解决民族社区发展中的困境。该章在了解民族社区社会资本现状和问题基础上，以及旅游前后民族社区社会资本变化为切入点，提出了民族旅游社区社会资本的再培育和重构的措施。随后通过桃坪羌寨和萝卜寨两个社区的实证研究，开发出一个由七维度构成的民族旅游社区社会资本量表。进一步实证研究发现，旅游发展增强了民族认同感，旅游使当地居民交往半径扩大，降低了亲缘地缘网络密度。旅游对民族社区人际信任、规范信任、社区参与、村民的互惠规范均产生了负面影响，而社区归属感是否受旅游发展的影响需进一步验证。

三、理论创新和学术价值

本书的理论创新主要体现在以下几方面：一是通过应用系统论、人力资本、乡土社会学等相关理论来研究民族社区旅游资源的结构特征，从而揭示民族社区旅游资源自身的特殊性，尝试解决民族传统文化保护与传承的基础理论问题。二是基于现代性与乡土性的理论视角，探讨了民族社区旅游发展引致的民族社区传统文化转型与重构过程中面临的深层次困境，并尝试开发测度旅游活动对民族社区乡土特征影响的量表，定量研究旅游活动对民族社区乡土特征影响的程度，预测民族社区传统文化的演变方向和路径。三是以民族旅游社区非物质文化遗产传承保护为切入点，运用人力资本理论，从人力资本产权、人力资本激励和人力资本投资三个方面探讨了民族社区非物质文化遗产传承保护的内在机制，结合民族地区市场经济特征为民族旅游社区非物质文化遗产传承保护奠定了理论基础。四是在对民族社区资源特性研究的基础上，运用社会资本理论，结合相关研究成果，开发了测度民族社区社会资本的量表，通过对旅游活动对民族社区社会资本影响的测量，揭示旅游活动对民族社区社会文化影响的内在作用机制，从而为民族社区的治理措施提供理论依据。

四、应用价值和经济、技术、社会效益

我国大多数民族社区分布在偏远的山区，自然条件恶劣，经济发展滞后，居民的

生活水平亟须提高，通过发展社区旅游来改善当地居民生活质量成为地方政府和社区居民迫切的需求和必然的选择。本书选择民族社区作为研究对象，研究旅游发展对民族社区所带来的各种影响，能为民族地区各级政府制定旅游发展和文化保护政策、方针提供理论依据，也可为旅游企业承担社会责任、建立良好的利益分配机制和与社区居民构建良好的互动关系提供理论指导，还可为旅游学、文化学、民族学、社会学和经济学专业的研究人员开展科学研究和教学提供指导和帮助，最终促使民族地区社会经济可持续发展，实现民族团结和社会稳定的最终目标。

文化遗产地社区旅游增权的理论与实践

作　　者：王会战
依托单位：西安科技大学
成果类别：个人成果

一、研究内容

社区参与旅游的实践困境和理论不足，使从“社区参与”走向“社区旅游增权”成为必然。以往国内外关于社区旅游增权的研究主要集中于乡村旅游地、生态旅游地和民族村寨社区，这些类型旅游地社区一般都拥有旅游资源或其附着物（主要指土地）的所有权，但旅游失权现象在其他不拥有旅游资源或其附着物所有权的旅游地社区（譬如中国的文化遗产地社区）也大量存在，由此引发了本书作者对现有社区旅游增权前提的质疑。在此基础上，根据对文化遗产地社区旅游增权状况的实地调研和对国内外社区旅游增权理论的深刻反思，本书围绕文化遗产地社区旅游增权的内涵、基础、内容、路径和目的等问题，尝试建构一套有关文化遗产地社区旅游增权的系统理论。

基于以上研究背景，本书主要研究内容为：

第一，探析文化遗产地社区旅游增权的基础。以国内外关于社区旅游增权基础的理论预设和文化遗产地社区参与旅游困境的矛盾为出发点，通过对文化遗产地社区居民进行旅游增权的必要性分析和基础探讨，打破文化遗产地社区的旅游增权“悖论”。

第二，建构文化遗产地社区旅游增权的结构。采用定性研究和定量研究结合的方法确定文化遗产地社区旅游增权的结构，在此基础上，开发出中国情景下文化遗产地社区居民旅游增权测度量表。

第三，探究文化遗产地社区旅游增权的路径。基于增权层次和方式等角度，探究如何实现文化遗产地社区的旅游增权。

第四，明辨文化遗产地社区旅游增权与社区参与之间的关系。明辨社区旅游增权和社区参与之间的“手段—目的”关系，解释文化遗产地社区旅游增权对社区参与的影响机制。

二、研究框架和研究方法

研究框架：本书首先界定了文化遗产地社区旅游增权的概念。其次根据这一概念的内涵和外延，并结合国内外社区旅游增权的理论和实践，对现有社区旅游增权的前提提出了质疑，并由此引发了本书对文化遗产地社区旅游增权基础的探讨；在此基础上，利用定性研究和定量研究相结合的方法建构了中国情境下文化遗产地社区旅游增权的结构，开发出了具有较高信度和效度的文化遗产地社区居民旅游增权测度量表，从而为下文的实证研究提供了理论工具；然后基于不同角度提出了文化遗产地社区旅游增权的路径。最后，明辨了社区旅游增权与社区参与的理论关系，认为社区旅游增权的最终目的是实现充分的社区参与，并探讨了社区旅游增权对社区参与的影响机制。在理论研究的基础上，以世界文化文化遗产——兵马俑景区的周边社区为例，利用文化遗产地社区旅游增权理论，并根据深度访谈资料和调研问卷数据，对其社区居民旅游增权状况进行了分析，并基于对其增权状况的研判与分析，提出了有针对性的旅游增权对策。

研究方法：本书采用了定性研究和定量研究相结合的研究方法。其中在资料收集阶段主要选取了深度访谈和问卷调查等方法，在资料分析阶段主要采用了扎根理论的三级编码和统计分析的描述性统计和结构方程模型等方法。此外，本书还使用了文献收集与分析方法、比较分析法，个别章节还使用了博弈分析方法。

总之，在研究方法的使用过程中，坚持了研究方法与研究问题的性质相匹配的原则。

三、理论创新和学术价值

（一）理论创新

第一，提出并论证了“社区旅游增权的前提在于社区居民是否受到旅游发展的负外部性”的观点。以往国内外有关社区旅游增权的研究都基于一个假设前提，即社区居民至少拥有旅游资源或其附着物（主要指土地）的所有权，但在中国情境下，由于特殊的产权制度安排，大部分类型的旅游地社区居民并不拥有旅游资源及其附着物的所有权，但旅游发展对他们的影响却客观存在，由此引发了本书作者对以往研究隐含假设的质疑和对新提假设的证明。

第二，丰富了社区旅游增权的类型学研究。以往国内外有关社区旅游增权的研究鲜有涉及文化遗产地社区，而实际上在文化遗产地社区旅游失权现象普遍存在。由于受文化遗产保护管理制度或文物保护政策的限制，文化遗产地社区在旅游增权内涵、基础、内容、路径和目的等方面与一般旅游地社区多有不同，由此引发本书对文化遗产地社区旅游增权理论的系统研究，拓展了社区旅游增权研究对象的类型。

第三，开发了中国情景下文化遗产地社区居民旅游增权测度量表。本书采用定性研究和定量研究相结合的方法，基于个体感知的视角开发了中国情境下文化遗产地社区居民旅游增权量表，不仅在理论上克服了以往关于社区旅游增权状况定量测度的不足，使得对文化遗产地社区居民旅游增权的有效评价、历时追踪和共时比较研究成为可能，而且通过实际测试表明，本研究开发的测量工具对评估文化遗产地社区居民旅游增权状况具有实际应用效力。

第四，明辨和验证了社区旅游增权与社区参与之间的"手段一目的"关系。从"社区参与"走向"社区旅游增权"并不意味着理论的替代，仅仅是一种理论的优化。从本质来看，"社区旅游增权"是实现"社区参与"的手段，"社区参与"才是最终的目的。本书基于这一假设构建了"社区居民旅游增权感知"与其"参与旅游意愿"相关的结构模型，其中加入了"权利意识"这一极具中国乡土社会居民性格特质的元素作为调节变量，并进行了实证检验。

（二）学术价值

完善了中国情境下社区旅游增权的理论体系。以往关于社区旅游增权的研究大多采取了简单的"拿来主义"，缺乏对中国情景的应有考量。本书立足于中国实际，采用定性研究和定量研究相结合的方法系统建构出了关于中国情景下文化遗产地社区旅游增权内涵、基础、内容、路径和目的等方面的系统理论。尽管这一研究未必完善，但却是一次基于中国情景的社区旅游增权理论创新的积极尝试。

四、应用价值和经济、技术、社会效益

（1）应用价值。为文化遗产地社区旅游增权提供实践指导。文化遗产地的旅游管理部门可以利用本书开发的文化遗产地社区居民旅游增权量表（STE）对当地社区居民的旅游增权状况进行有效评估，确定社区居民在不同增权维度的旅游失权程度，以便为实施有针对性的旅游增权措施提供基础性的决策依据；还可以了解到不同性别、年龄、文化程度、家庭收入、旅游发展态度、旅游知识水平以及处于不同区位的社区居民在旅游增权需求上的差异，从而尽可能做到“因需增权”。

（2）出版发行情况。2018 年 11 月出版，印量 600 册。

（3）被引用情况。截至 2019 年 12 月 5 日 16：30，本成果申请者的博士论文在中国知网被引 13 次，下载 1281 次；前期以第一作者身份在核心期刊发表直接相关论文 4 篇，在一般期刊、论文集发表直接和间接相关论文各 2 篇。截至 2019 年 12 月 5 日 18：05 前，以上论文被引合计 43 次。

（4）转载情况。前期有两篇相关论文分别被人大复印资料《旅游管理》《管理科学》全文转载。

（5）国内知名学者作序及对本书的评价。西北大学经济管理学院教授、博士生导师李树民和陕西师范大学地理科学与旅游学院教授、博士生导师白凯分别为本书作序，对本著作进行了中肯的评价。

（6）获批相关课题情况。近五年主持相关课题 10 项，其中直接相关课题 5 项，间接相关课题 5 项，国家级课题 1 项，省部级课题 4 项，市厅级项目 3 项，校级项目 2 项，总经费 33.2 万元。

（7）学术交流。2013 年 7 月，应邀参加在中山大学举办的第一届旅游社会科学理论与方法高级训练营，做了《旅游增权研究：进展与思考》的主题发言。

（8）参评成果获奖情况。本著作获评陕西高等学校人文社会科学研究优秀成果二等奖，本著作相关成果之一，获得全国人文社会科学优秀成果奖二等奖，相关成果之二获评西北大学校级优秀博士学位论文。

研究报告类

——一等奖（2 项）

中国冰雪旅游发展报告（2018）

作　　者：韩元军，辛安娜，杨晶晶，彭亮，魏黎民
依托单位：中国旅游研究院
成果类别：集体成果

一、研究内容

为了全面了解我国冰雪旅游发展现状，推动我国冰雪旅游高质量发展，本研究采用1个总报告+5个分报告的形式，在总结全国冰雪旅游发展概况基础上，分别从冰雪旅游城市、冰雪旅游投资、滑雪旅游区、冰雪旅游节事、冰雪旅游消费等方面对我国冰雪旅游发展面临的热点进行分析。

第一部分总报告：中国冰雪旅游发展概况。在该部分概括了我国冰雪旅游发展面临的八个特征，分析了我国冰雪旅游发展面临的体制机制、政策创新、服务质量、制造业国际化、品牌影响力等方面的问题，最后提出了我国冰雪旅游高质量发展的对策。

第二部分分报告1：冰雪旅游城市竞争力评价。城市竞争力报告加入了治理指标，更加注重冰雪旅游城市发展与治理的平衡，对于发生重大扰乱市场秩序的城市或者事件要给予剔除或者扣分，让指标更符合冰雪旅游高质量发展的要求。同时，在指标中更加强调文化和旅游融合程度，推动冰雪旅游向内涵式、可持续方向发展。

第三部分分报告2：冰雪旅游投资热点和潜力评价。本部分分别从冰雪旅游投融资政策、投融资市场规模、投融资项目类型和结构、投融资渠道、冰雪旅游投资体制保障等层面进行分析。试图构建起我国投资潜力冰雪旅游目的地评价模型，从地域性、类型差异性、品牌影响力、资源丰富度、投融资政策环境等指标进行评价，以县级或者类似目的地空间单位为对象，推出一批能够引领冰雪旅游投资的目的地样本。

第四部分分报告3：滑雪旅游区竞争力报告。滑雪旅游区报告在指标设计方面，除

了关注滑雪功能外，更加强调滑雪旅游区的休闲、度假、观光等综合服务能力，引导冰雪旅游度假区向综合旅游目的地转变。此外，该报告除了国内主要滑雪旅游区数据解读外，更加强调内容深度上，强调分析国内外滑雪旅游度假区的差距，分析国际滑雪旅游度假区的发展趋势。

第五部分分报告4：冰雪旅游节事影响力评价。当前，全国冰雪旅游节事的空间覆盖范围不断扩展，内容创新层出不穷，冰雪旅游节事报告更加强调地域覆盖范围，在东北、西北、南方等区域统筹考虑，更加强调各省节事的特色性，更加强调节事活动的创新性和群众参与性。

第六部分分报告5：冰雪旅游消费大数据报告。中国旅游研究院利用与携程建立的大数据联合实验室，发布2017—2018年冰雪季的旅游消费大数据报告，除了总体消费规模、特定人群、主要冰雪景区的数据外，更加注重东北、西北等主要省份、城市的大数据细分市场报告，更加注重研学旅行、冰雪民俗、滑雪市场等新业态市场表现，更加关注境外冰雪旅游目的地的分析。

二、研究框架和研究方法

本研究采用1个总报告+5个分报告的形式，分别是中国冰雪旅游发展概况、冰雪旅游城市竞争力评价、冰雪旅游投资热点和潜力评价、滑雪旅游区竞争力报告、冰雪旅游节事影响力评价、冰雪旅游消费大数据报告。

本研究以实证研究为主，注重规范分析、大数据研究、实地调研等多种方法的交叉应用，应用实地访谈和问卷调查法对我国冰雪旅游发展情况进行研究，在调研基础上，通过归纳和演绎方法构建我国冰雪旅游发展的研究框架。

三、理论创新和学术价值

本研究试图通过观点创新引领大众冰雪旅游需求和产业投资方向，主要观点如下：第一，冰雪旅游正成为“冰天雪地也是金山银山”的示范产业；第二，冰雪旅游正在成为践行2022年北京冬奥会庄严承诺的旅游担当，通过发展冰雪旅游，2022年“三亿人参与冰雪运动”目标将超额完成；第三，冰雪旅游正在成为国家乡村振兴和地方经济转型升级的重要抓手；第四，冰雪旅游正成为冬季旅游和冰雪经济的双核心产业。

本研究的学术价值如下：第一，本研究尝试性分析了我国冰雪旅游的经济效应，为系统阐述习近平总书记“冰天雪地也是金山银山”提供了一定的学术支撑；第二，本研究构建了城市、滑雪场等竞争力分析模型，为我国冰雪旅游参与全球竞争提供了一定的学术指标参考；第三，尝试构建了我国冰雪旅游发展的分析框架，为当代旅游发展战略体系构建提供了有益补充。

四、应用价值和经济、技术、社会效益

第一，本研究通过冰雪消费大数据、冰雪旅游投资、冰雪旅游城市等竞争力分析，有利于树立一批冰雪旅游名牌和标杆，有利于引导我国冰雪旅游高质量发展方向；第二，本研究有利于引导大众参与冰雪运动的需求，为实现2022年北京冬奥会“三亿人参与冰雪运动”目标做出一定的贡献；第三，本研究有利于为我国全域旅游发展冬季新动力提供支撑，有利于为国家和冰雪旅游资源富集区域发展冰雪旅游经济提供政策支持。

积极保护合理利用小洋楼资源，将“五大道”建设成国内知名文化商务旅游区

作　　者：陈晔，杨鑫传，白长虹，王红玉，邢博
依托单位：南开大学
成果类别：集体成果

一、研究内容

本课题重点研究了历史风貌建筑如何服务城市发展这一基础问题。具体研究内容包括“五大道”面临的问题识别、开发模式研究和策略建议研究三部分。

本课题将天津市“如何利用‘五大道’的小洋楼资源”这一现实问题转化为历史风貌建筑的开发模式与城市的发展这一科学问题。经过对“五大道”地区发展演进梳理和多轮实地调研，提出“五大道”发展面临的挑战是“开发模式选择及有效的策略模式组合”这一问题。

从两个角度建立路径的效益分析框架，角度一为天津城市发展需求和未来目标，角度二是国内外不同开发模式案例地的效益，分析案例包括成都锦里、湖南凤凰古城、上海石库门、大连市原租界区、青岛市原租界区、杭州市历史城区、西班牙巴塞罗那老城区、纽约中央广场特色街区等案例。通过上述分析，形成对不同模式及策略组合的效益分析，最终提出“五大道”地区宜以商务办公模式为主，以旅游模式提升形象和文化内涵，以生活居住确保可持续发展的总体思路，并对“五大道”发展的总体定位、规划方案、提升方案、招商举措、政策保障及组织支持给予针对性建议。

二、研究框架和研究方法

从管理学、城市规划、旅游目的地运营等领域的理论和相关研究出发，对历史风貌建筑的开发模式进行理论研究，得出历史性城市景观、城市品牌资产、城市空间功能转型三种理论视角，To C（消费端）、To B（企业端）两种商用模式组合形成的开发模式矩阵，结合“五大道”小洋楼建筑可利用程度提炼出“博物馆模式”“旅馆模式”“餐饮模式”“多功能休闲活动模式”“办公模式”“艺术创意模式”“高品质生活引领模式”“会议展览模式”8种解决路径。

三、理论创新和学术价值

综合对比国内外关于历史风貌建筑保护利用研究，本课题在以下两个方面取得突破：其一，建立城市发展与特色历史风貌建筑保护利用的直接关系，从城市发展的经济需求、社会民生需求、城市形象需求、招商投资水平等因素全面衡量历史风貌建筑的开发利用模式的优势和积极效应，将历史风貌建筑的保护利用嵌入城市发展总体框架中；其二，将理论研究转化成可落地的实施方案，为“五大道”地区的属地管理部门、历史文化名城保护部门、风貌建筑整理开发利用部门等不同单位提供可操作的指导建议。

总体上，本课题在同类研究中做到了理论与实操兼顾，并且在理论研究方面对已有研究做出理论推进，在实操上提供可借鉴模式。

本课题创新性体现为：第一，构建了城市发展与历史风貌建筑开发组成的模式矩阵，整合已有零散的研究结论，形成服务城市发展与历史风貌建筑开发相统一的框架，对历史风貌建筑保护利用形成综合性认识；第二，形成不同开发模式的综合效益评估体系，通过多案例对比对不同开发模式的直接效益和间接效益、即时效益和长期效益进行评估，为历史风貌建筑保护利用的实践选择提供理论指导；第三，提出可行性的实施方案，针对“五大道”复杂的产权关系、保护成本、利用局限等问题，从商务办公、文化旅游开发和生活居住改善等方面提出具体的提升方案，保障多元利益主体的协同促进和可持续发展。

四、应用价值和经济、技术、社会效益

本课题的专家评审会结论是：本课题较好地解决了“五大道”面临的问题，解决方案和政策建议具有针对性、可实施性，有助于“五大道”地区的未来发展。

天津市委、市政府对研究报告做出批示。中共中央政治局委员、市委书记李鸿忠批示：请市委常委、副市长并春华同志阅。市长张国清同志批示：请文魁同志牵头研处，应成立一个领导小组，协调推进。市委宣传部部长、副市长做出批示，推动课题成果转化，天津市住房和城乡建设委员会、规划和自然资源局等部门也在本课题成果的基础上开展研究，促进成果落实。天津市和平区五大道地区管理委员会直接采纳本课题建议并推进实施。

研究报告类

——二等奖（7 项）

对资源型民营景区旅游资源经营权进行专项整治的建议

作　　者：曹国新
依托单位：江西财经大学
成果类别：个人成果

一、研究内容与方法

2018年年初，时任江西省委书记、省长刘奇在多个重要场合多次强调“不能把稀缺的旅游资源一租或一卖了之，要牢牢把握旅游资源开发的主动权，推动旅游业持续健康发展”。应省旅发委要约，本文作者耗时50余天，行程3000多千米，访谈100余人，通过市县旅游部门收集资料和报表50多份（套），对全省135家4A级以上旅游景区开展全覆盖的调研，首次厘清了全省高等级景区的产权营运情况。

成果经三阶段，由三部分组成：①上报刘奇书记的调研报告；②遵刘奇书记指示，由调研报告中析出，独立成篇的小武当山案例；③经省旅发委同意、校财经智库理事会三审通过，由《江财智库专报》正式渠道上报的智库报告。

二、主要观点与贡献

（一）江西省景区特别是国有景区绩效较好

截至2018年3月，江西省已建成5A级旅游景区10家，4A级旅游景区125家，景区建设绩效居全国第六。135家4A级以上景区中，仰赖先天优异旅游资源的资源型

景区约100家，从其他部门通过“+旅游”融合发展而来的衍生型景区约15家，通过人造奇观打造的创意型景区约20家。国有旅游景区73家，民营旅游景区62家。国有重点旅游景区正逐步突破“门票经济”和“投资瓶颈”，民营资本也分外青睐国有重点景区，2010年开始民营资本已超国有重点景区新增投资的50%以上，其中红色旅游景区超过90%。

（二）僵尸景区正成为江西旅游突出矛盾

20世纪90年代以来，江西和全国许多地方一样，在国有旅游资源所有权、管理权、经营权制度远未完善的情况下，通过招商引资，开展了经营权转让的实践，形成了一大批资源型民营景区。目前，全省经转让的风景名胜区、森林公园、历史文化名村等优质旅游资源已占总量的一半以上，转让期长达30~70年。

旅游市场有风险、旅游企业有生死、产品生命有周期。经30年市场淘洗，除资溪大觉山等个别景区外，绝大部分资源型民营景区未按合同约定进行资本投入，七成以上已陷入无投资、无建设、无营销、无发展、旅游资源闲置的困局，沦为僵尸景区，与当初招商引资的初衷背道而驰。这些僵尸景区已造成江西旅游景区版图的斑秃和建设进程的凝冻。

2018年4月，省委、省政府出台《关于全面推进全域旅游发展的意见》，江西进入全域旅游建设新时代。大量僵尸景区的存在，正成为制约江西发展全域旅游、建设旅游强省的突出矛盾。

（三）大量资源型民营景区沦为僵尸景区的原因

（1）资源型民营景区主要依托经营权转让合同，但《合同法》不支持违法违规的合同约定，随着风景名胜区、文物保护单位、自然保护区、森林公园、湿地公园、地质公园、水源地保护区、爱国主义教育基地、国家公园、生态红线等法规制度的完善和执法力度的增强，资源型民营景区普遍遭遇合法性危机。

（2）金融部门因风景资源不能作为抵押物而拒绝贷款，证监部门因经营权无法资本化而反对资源型民营景区挂牌上市融资，投入资源型民营景区的民营资本也微乎其微，资源型民营景区普遍遭遇资本的背弃。

（3）近年来，景区业重化发展趋势日益明显，迭代升级加快，旅游项目投资动辄数亿元，资源型民营景区更新缓慢迅速老化，被锁定在产业链低端，但因为运行成本和持有成本很低，他们大多选择既不投入，也不退出，采取拖和磨的策略，成为“门票经济”的堡垒。

（4）景区建设门槛低、门道深，夸夸其谈者众，真正实操型的优秀企业家和要素企业很少，资源型民营景区创新创意人才不足，建设投入往往成效不显，有人总结为“不动不死，一动就死”，民营企业家对加大投资越来越谨慎。

（四）各地收回国有旅游资源经营权的做法

全省各地形成了协商回购、并购重组、合同诉讼等工作模式。

（1）龙南小武当山的协商回购模式。2009 年龙南县将小武当山旅游经营权免费转让给深圳德利公司，但公司几乎没有任何建设性投入。2015 年在反复谈判磋商没有结果的情况下，龙南县委、县政府断然采用“先接管后核算”方式，先行接管景区经营管理，在坚决应对无理要求的同时，启动了景区规划建设。经 29 次调度会，21 次正式磋商，发出 7 份函告，2017 年 1 月经营方最终同意，龙南县以 2980 万元的回购金额回购景区经营权。

（2）婺源旅游集团的并购重组模式。婺源旅游景区均为民营，大部分是文化古村类资源型民营景区。2007 年之前，婺源民营景区小、散、乱的弊端开始显现。2007 年在县政府的主导下，成立了民营企业为大股东的江西婺源旅游股份有限公司，采用收购、回购、参股等多种方式，整合了江湾、大鄣山卧龙谷、灵岩洞、江岭、彩虹桥等 14 个景区。在当时是十分成功的模式。

（3）宁都翠微峰的合同诉讼模式。2003 年宁都县将翠微峰景区经营权转让给上海客商唐小龙。然而，经营方几乎没有任何建设性投入，破坏森林植被等现象也日益严重，造成景区建设严重滞后，宁都县方面经过五场诉讼基本收回了翠微峰的旅游资源经营权。

三种工作模式中，协商回购最能避免合同不完善、法规不健全造成的障碍，发挥地方政府职权效能和主观能动性，体现不与民争利及“无讼”的政治传统，是当前最值得推荐的办法。江西省应主要采用协商回购、慎重采用并购重组和合同诉讼，开展经营不善的资源型民营景区旅游资源经营权的专项整治。

三、问题意识与应用价值

当前，中央正以前所未有的力度坚决出清各类“僵尸企业”，出清“僵尸景区”是题中应有之义。在我们还没来得及建成科学有序的国有旅游资源经营权进入机制的时候，构建其退出机制的问题已扑面而来。

通过调研，本文认为：①地方政府应不断试错旅游资源经营权的创新模式，让旅游资源经营权始终保持在便于转让、具备充分流动性的状态，营造旅游产业供给侧的充分竞争。②全省上下应将出清僵尸景区当作推动全域旅游发展的战略性工作，并主要采用协商回购的方式进行。③在运作下一轮旅游资源经营权转让时，建议大型旅游资源区不要整体转让，而应切分成子项目分项转让，以此识别专业市场中的专业选手。④出清“僵尸景区”将向景区传递发展压力，为景区提供信息披露和诊断机制，使景区内部机制永远处于激活状态，降低景区业长期风险，重启景区经营边际报酬递减周期，支撑景区高质量发展。

柬埔寨暹粒省旅游开发规划研究

作　　者：吴丰林，张佑印，黄璜，李雪，郭娜，杨丽琼
依托单位：中国旅游研究院
成果类别：集体成果

一、研究内容

报告在回顾了中柬两国政府和民间的往来基础上，结合柬埔寨暹粒省的旅游资源特征，系统分析了中国“一带一路”倡议给柬埔寨旅游业发展带来的跨国合作机遇。报告提出了大吴哥战略、全域旅游战略和国际化战略，以此来推动实现将以吴哥窟为代表的暹粒省旅游业打造成为“一带一路”国际合作的重要节点、资源与服务并重的世界知名旅游目的地、中国公民访问东盟的优选旅游目的地。报告规划了“一心、两轴、两区”的空间结构，并设计了吴哥窟历史文化遗迹体验游、暹粒观光游、民俗风情体验游、小乘佛教文化体验游、洞里萨湖观光游五大类主导旅游产品，同时结合避霾养生度假游、科考研学游、摄影游、节事旅游、奖励旅游等辅助旅游产品，构建了生态观光、文化体验与休闲度假相结合、满足游客多样性需求的多元化、分层次的旅游产品体系。报告以到2020年实现到访柬埔寨中国游客达到200万人次，实现倍增，实现到访暹粒省中国游客达到170万人次为主要目标，策划了多方位营销整个中国市场、重点营销主要目的地市场、精准营销细分市场的立体营销方案。为保障相关规划方案的落地实施，报告还提出了建立长期稳定的政府间旅游合作架构与协调机制、形成稳步推进双边旅游合作的旅游企业联盟机制、推动开展双边政府针对旅游发展合作的各级各类会议、构建多元化的中柬旅游信息交流和传播平台等系列旅游合作机制。

二、研究框架和研究方法

研究报告以柬埔寨暹粒省旅游资源的科学开发为核心目标，结合“一带一路”倡议，从中国客源市场的角度来组织研究内容和研究框架。报告共分为六个部分，分别是：第一部分中柬旅游往来与互动；第二部分旅游发展现状与机遇；第三部分旅游发展目标与定位；第四部分旅游目的地构建与保障；第五部分旅游市场营销与推广；第六部分旅游合作机制与展望。

研究报告主要应用的研究方法是现场调研和专家论证。

接到国家旅游局的委托任务之后，项目组一行 5 人于 2017 年 8 月 19—26 日，赴柬埔寨暹粒省及周边市场关联区域进行考察调研。项目组先后考察了大吴哥、小吴哥、洞里萨湖等景区（点）及中方旅游投资项目。并与柬埔寨旅游部、暹粒省旅游局、中国驻柬大使馆及在柬中资旅游企业进行了工作座谈。

项目组在方案设计过程中组织了多次专家会商和研讨，现已完成中稿，并于 2017 年 11 月 20 日，邀请中科院地理所、北京二外旅游管理学院、国家旅游局国际司的专家领导召开了项目论证会。

三、理论创新和学术价值

研究报告的本质是政府咨询报告，研究核心内容是旅游开发的规划措施。因此，既不是传统意义上的研究报告，更不是传统意义上的旅游规划。因此，不能严格按照中国现行的《旅游规划通则》的体例要求，需要结合研究区的现状、中柬旅游往来的现状、“一带一路”倡议的相关要求以及中柬签订的《关于旅游合作的谅解备忘录实施方案（2017—2020）》的相关要求，来统筹设计。因此，研究报告的理论创新，主要体现在体例设定和方式方法上的创新。

研究报告是落实两国领导人签署的谅解备忘录的具体措施，重在实践落地，因此，学术价值并不突出。

四、应用价值和经济、技术、社会效益

研究报告已由中国政府致赠给柬埔寨政府。报告对推进中国“一带一路”倡议助力柬埔寨旅游业发展、促进中柬两国人民友好往来、将暹粒省旅游业打造成为“一带

一路”国际合作的重要节点、促进中资企业在柬埔寨的投资、扩大暹粒省旅游品牌在中国市场中的影响力等方面将起到规划引领作用。

自成果致赠给柬方以来，中柬之间的直通航班城市增加到28个，柬方到中国的旅游路演从方式和推广力度上都有所增加，这与研究报告中提出的系列面向中国市场的旅游营销与市场推广举措有较高的相关性。同时，柬埔寨政府已于2019年5月，开始《暹粒省旅游发展总体规划》的编制工作，将重点发展洞里萨湖、荔枝山及周边地区，打造更多旅游新名片，让游客延长停留的时间，提升柬埔寨旅游业的竞争力，相关要求和提法与研究报告的规划建议不谋而合。研究报告的经济、技术、社会效益是很难测度的，从成果提交以来的相关发展趋势，我们乐见研究报告是发挥了一定作用的。

广东入境旅游市场调查研究报告 2017

作　者：余颖，李国平，梁江川，郝斗，庞莉华，孔源源
依托单位：广东省旅游发展研究中心
成果类别：集体成果

一、研究内容

《广东入境旅游市场调查研究报告 2017》（以下简称《报告》）以入境旅游市场为重点，总体上分为五大部分内容。

第一部分为 2016 年广东省入境旅游市场发展概况，包括入境过夜旅游市场总体情况及其结构特征两方面内容。

第二部分是 2016 年度广东入境外国游客市场抽样分析。重点从人口统计特征、旅粤计划、旅粤体验及花费、旅游总体评价及满意度四个方面对来自 72 个国家的 2863 名旅粤入境外国游客样本数据进行了分析，并结合分析结论、广东旅游发展优势以及“一带一路”倡议相应提出了广东发展入境旅游的对策建议。

第三部分是广东入境旅游港澳台市场分析。分别对中国香港、中国澳门、中国台湾三个广东重要入境旅游市场的历年入粤人数及增幅、旅游消费行为及偏好进行了分析，并依据不同客源市场特征提出了产品开发及营销推广方面的建议。

第四部分是旅行社入境业务分析。从广东省旅行社行业规模、外语导游人才情况、入境业务经营效益、全国指标排名、业务细分及业务发展影响因素等进行了较为全面的分析梳理，并从如何优化入境旅游业务经营环境、激发旅行社入境旅游业务开展积极性等方面提出了相应的建议。

第五部分是入境旅游政策研究。分别对外国人旅游团“144 小时便利签证”、白云机场“72 小时过境免签”、境外游客购物离境退税三项入境旅游相关优惠政策的主要

内容、历史变更、使用情况以及存在问题等进行了认真梳理及分析研究，并探索提出相应的建议。

二、研究方法

（1）定量分析法：结合 2013—2016 年广东省入境旅游市场调研结果，重点分析 2016 年样本及来源于澳门特别行政区政府统计暨普查局、香港特别行政区政府统计处的相关数据，对广东重点入境客源市场旅粤行为特征进行了分析。

（2）比较分析法：对历年数据与总样本数据间进行了比较，分析广东入境旅游市场特征；对津京冀、苏浙沪等地“144 小时过境免签”政策适用情况进行分析，对比分析广东省相关政策实施所存在的问题。

三、理论创新和学术价值

（1）是全国首个省级入境旅游市场研究系列报告的年度研究成果。《报告》通过每个月调研两天并对调研过程全程专人跟进掌握，数据质量可控、可信度高，根据广东入境旅游市场的特点，以全面、精细的指标测量了广东入境旅游市场实际情况。

（2）是省内首个对入境旅游相关优惠政策的分析报告。《报告》对广东省入境旅游相关优惠政策的分析研究尚属省内首次，研究较为全面，对下一步工作推进及政策拟定具有较强的指导意义。

（3）是省内首个对全省旅行社入境业务开展情况进行分析的报告。《报告》基本涵盖了广东省开展入境旅游业务的所有旅行社，对影响入境旅游业务开展的因素进行了系统分析，对指导旅行社入境业务开展具有实际意义。

（4）为学术界提供研究基础素材。作为入境客源市场研究的基础性工作，《报告》获取的一手数据充足有效，可据此进行多种交叉分析，开展更进一步的研究。

四、应用价值和经济、技术、社会效益

（1）为全国入境旅游市场研究提供借鉴。广东是中国入境旅游第一大省，具有风向标意义，了解广东入境旅游市场动态，有助于对全国入境旅游市场的现状了解和趋势预测。

（2）为政府部门提供决策依据。尤其是关于广东省的旅行社入境业务开展情况以及入境旅游相关优惠政策进行的较为全面的梳理和分析研究，得到了广东省政府及原省旅游局的充分肯定及实际运用。

（3）为旅行社行业提供经营参考。《报告》涵盖广东入境旅游港澳台市场分析、旅行社入境业务分析及建议等内容，得到广东省旅行社协会的积极响应，获得业界一致好评。

中国在线旅游研究报告 2018

作　　者：李宏
依托单位：北京第二外国语学院
成果类别：个人成果

一、研究内容

本研究报告为系列研究报告的第五本，由北京旅游发展基地提供支持，并被确定为基地“标志性成果”。

本系列第一本研究报告于 2014 年出版，内容分为上下两篇，上篇回顾了中国在线旅游的发展历程，下篇选取了十几家中国在线旅游的典型企业作为案例进行介绍。本系列第二本研究报告启用了全新框架，内容分为四个部分，第一部分为“在线旅游电商（OTA）发展”情况，第二部分为“传统旅行社的线上发展”情况，第三部分为“大型电商在线旅游”服务发展情况，第四部分为旅游“移动应用”。2015—2019 年五本报告均采用这种结构，便于开展纵向比较。

五年的时间过去以后，各种在线旅游服务形态的发展都有了显著的变化，各个部分在报告中所占的比重也发生了相应的改变。第一，在线旅游服务商（OTA）的发展从行业混战，逐渐变为格局清晰，几次业内大的收购与合并之后，曾经的竞争对手渐渐地找到了不同的定位，错位经营的思路提升了行业的效率，减少了内耗。第二，传统旅行社的在线运营商业模式基本稳定，局限在实体企业实现电子交易的层面上，服务内容和服务能力依托于实体旅行社企业，深度与广度与实体旅行社的实力成正比。第三，近年来，大型电商于在线旅游服务领域的扩张引人注目。大型电商天然的大流量池以及渗透在日常生活方方面面的身影，使其在消费者的规模和应用使用忠诚度两个维度上很轻易地超过了提供专门服务的在线旅游企业，成了在线旅游服务商最大的替代型“竞争对手”。第四，智能手机的发展和流量使用费用的下调，促使手机等移动应用终端的发展异常迅猛，手机的应用除了最初的“App”，又增加了社交平台的公众号和小程序等其他应用方式，使用简单，反应迅速。可以说，移动应用于在线旅游服务领域的发展逐渐代替了各种旅游服务电商官方网站的使用。在后续的研究报告中结构和体例会根据发展情况做出调整。

《中国在线旅游研究报告 2018》内容主要为 2017 年该领域的发展情况。在线旅游与互联网的发展及应用相伴相生，经过近 20 年的发展，行业规模不断壮大，商务模式逐渐走向成熟，在线旅游交易的便利性和及时性极大地促进了旅游者消费行为模式的变迁，对中国旅游消费市场的形成与迅速壮大起到了不可低估的作用。2017 年在线旅游行业发展相对稳定，之前发生的各种引人注目的业内竞争相继平息，移动端 App 的发展进入了快车道，而微信小程序的出现引发了新一轮的战略变迁。本年度报告内容延续前四本报告，记录在线旅游业的发展轨迹，总结发展脉络，分析发展趋势，在积累资料的同时发现规律，希望能够成为学界和业界进行行业研究时的得力参考，在科研和咨询领域发挥应有的作用。

二、研究框架和研究方法

本研究报告内容共分为八章，分别为“在线旅游电商发展特征及趋势”“综合性旅游电商介绍”“B2B2C 类综合性旅游服务电商”“旅游攻略社区类电商介绍及企业解读”“垂直搜索和市场细分类旅游电商”“传统旅行社的线上发展”“大型电商在线发展”“旅游 App 移动应用”。第一章对在线旅游电商在 2017 年的发展进行了总体概括，接下来的几章按照在线旅游电商商业模式的不同侧重点对其进行了分类，并在各种类型的旅游电商中选取了典型的企业对其在 2017 年的发展进行了追踪。其他三个部分的内容更多着眼于本领域 2017 年的发展情况，进行了年度数据积累与分析，并对发展趋势进行了预测。

本报告的数据获取方法主要为桌面调研法和访谈法，前者为主，后者为辅。由于这是系列年度报告，因此策划早，资料收集早，前期认识和数据准备充分，所采用的数据和对行业的描述性资料主要来自公开的采访、报道、企业宣传和专业咨询公司的数据性报告，而访谈主要解决的是思路与内容的纠偏，在收集资料的过程中和形成报告阶段进行。

本报告的数据分析主要表现为对本部门年度发展的数据统计与方向总结，同时，针对典型的企业会以案例的形式进行情况整理和展示。

三、理论创新和学术价值

本报告的意义体现在两个层面。第一，这是一本年度报告，通过数据和企业发展的描述整理、总结了该领域一年时间内的发展情况。第二，这是以年度为单位的系列报告，几年的数据积累下来，可以清晰看见行业发展的脉络，能够总结出更有信服力的“大势所趋”，即描述行业发展轨迹、总结经验和教训，摸索发展规律，对过去进行记录与分析，对未来进行趋势展望。

四、应用价值和经济、技术、社会效益

本报告为北京旅游发展研究基地的标志性成果，出版后在业内有一定的影响，既可以作为资料留作参考，也可以作为研究基础，继续讨论更深层次的问题，在数据提供和行业结构描述方面，以及发展趋势分析方面，具有一定的可靠性和参考价值。

中国旅游景区建设40年经验与建议

作　　者：战冬梅
依托单位：中国旅游研究院
成果类别：个人成果

一、研究内容

文章梳理了我国景区业40年的发展历程，景区业为入境旅游和大众旅游发展做出了不可替代的阶段性贡献；景区业规模持续扩大、类型不断丰富、市场支撑力和社会影响力日益扩大；景区管理体制、机制持续创新。发展环境的变化要求景区业做出战略调整，“玩得起”依然是老百姓最强烈的呼声，“玩得好”是我国景区业发展的必然方向。景区的现状：新业态、新市场的持续崛起为景区发展注入新动力；产业要素推动景区深度融合，文化和科技为景区发展带来新动能；景区投资方面，优质自然资源受投资方青睐，主题公园持续高速增长。与此同时，景区发展依然存在着供给侧改革滞后、产品内容创新少，缺乏有竞争力的原创IP等问题。文章最后提出相关发展建议。

二、研究框架和研究方法

文章基于访谈法、文献分析方法对中国旅游景区的发展历程进行总结，并对景区发展现状和存在问题进行梳理，基于景区发展逻辑和满足人民日益增长的对美好生活的需要提出景区未来发展方向和发展建议。

三、理论创新和学术价值

随着生活方式、价值取向和消费行为的改变，旅游已经成为国民大众的日常生活选项，美丽景区日益成为美好生活的新内容。在中国特色社会主义新时代，在进一步深化全域旅游战略，在大众旅游从初级阶段向中高级阶段演化的进程中，景区仍然是游客观光和本地人需求满足的基本载体，但同时需求侧的变化明显，游客越来越倾向于对目的地生活方式的整体体验。在新的历史时期，景区业需要把握大众旅游的新需求，培育景区发展的新动能，继续以人民群众对美好生活的向往作为动力和目标，踏上新征程。

四、应用价值和经济、技术、社会效益

改革开放是中国走向富强的起点，邓小平的黄山谈话打开了世界了解中国的大门，景区业作为旅游业的核心载体，在40多年的发展中，有弯路，有坦途，一些景区发展中的顽疾既是景区自身的问题，也是改革开放大视野中的一个缩影，如何进一步深化改革开放，如何在下一步的发展中让人民群众更有获得感，有必要进行系统的反思和梳理。

国家艺术基金资助项目艺术成本结构调研报告

作　　者：韩子勇，王勇，张堃，秦文，张艳，杨舟贤，李鹏宇，洪宇，高孝玲，郑芮，王子衡，高佳彬

依托单位：国家艺术基金管理中心

成果类别：集体成果

一、研究内容

《国家艺术基金资助项目艺术成本结构调研报告》（以下简称《报告》）是国内首本从艺术经济学视角探究表演艺术、造型艺术等艺术门类生产过程中的纯粹经济成本问题的实证性研究成果，以“艺术成本结构”为题，由时任管理中心主任的韩子勇同志（现任中国艺术研究院党委书记、院长）领衔组建课题组，以调研形式开展。研究充分深入到我国对艺术资助的最为成熟有力的政策性工具——国家艺术基金的资助实践中去，以其五年来资助的国内艺术创作生产实践为充足样本，对不同地域、层级、性质艺术机构单位、个人或社会化，或零散封闭的生产活动进行摸底调查。调研于 2018 年年初启动，整体报告于 2018 年 9 月起草完成。

《报告》共包括“调研工作的基本情况”“调研数据分析情况”“结论与建议”三部分，分具体章节介绍了整体调研目标、调研背景、调研思路、调研方法、调研程序、结果回收、具体数据分析情况以及结论建议等内容。主要对国家艺术基金资助的十几个种类、若干细类的艺术活动具体凝练而成的艺术成本结构情况进行直观描述，在各资助类别艺术活动的整体成本规模、开支类别构成、开支范围内容、开支额度比重标准等方面进行了充分调研与细致分析。《报告》结论与建议为制定《国家艺术基金资助项目经费管理办法》打下了坚实基础，有力地推动了国家艺术基金项目制度管理进一步完善，对全国艺术创作生产单位的成本控制与实施运作也将起到积极的引导与调控

作用，将对政府部门优化当前艺术生产体制机制，推动艺术创作生态持续健康向好发展提供有用的决策参考。

二、研究框架和研究方法

2018 年 2—7 月，在全国范围内通过双线开展“艺术成本结构”调研，一是与中国文联各全国文艺家协会合作，合作在其专业委员会、地方分会、会员团体中广泛开展调研。2018 年 2—6 月，各文艺家协会成立专题调研工作组，按照分派艺术细类的调研要求与程序，正式开展调研，共历时 100 天。二是依托国家艺术基金年度集中巡查监督工作开展直接调研，共对 31 省（区、市）的 509 家艺术机构单位，145 位艺术家个人发放了《艺术成本结构调查问卷》，并于其中选取了 150 家机构单位单独召开了“艺术成本结构”调研座谈会。为保证调研结果的可靠性，还专门设计了双线调研的交叉核验程序。通过双线调研，回收有效意见数据 150879 条。

调研是对相关意见的征集和整理统计，意见表达基于调研对象的个体知识经验体系差异因而有所区别。由此，整体研究采用聚类分析，聚类主要分为四个层次：一是主要根据“舞台艺术创作”“传播交流推广”“艺术人才培养”“青年艺术创作人才”资助项目类型及相关艺术门类进行意见区分；二是对“资助额度”“开支类别结构构成”“开支类别名称及范围定义”“开支类别额度比重标准”四类核心议题进行归类；三是对每类议题集聚意见按“无异议”“具体调整意见”两种意见形式作划分；四是对“具体调整意见”进一步根据具体科目内容以及“新增”“删减”“合并”“拆分”等不同操作形式区分出了不同类型的意见所指。数量繁多的调研意见经过上述四重聚类划分后，意见的针对性显著加强，便于精准、合理地做后续的研究分析，转化形成 16 万字的《报告》。

三、理论创新和学术价值

《报告》认为：通过对艺术基金现有资助艺术门类与项目类别成本开支情况的广泛调研论证，结果显示，艺术基金现有资助方式与方法基本科学合理，对项目的开支范围与科目类别基本涵盖各类艺术活动完整过程，且针对性、可操作性较好，较贴合我国艺术发展实际。但由于艺术活动本身具有复杂性、多样性、不可完全预见的特点，这些特性所引发的大量具体诉求映射形成的成本结构与开支标准必然千差万别。调研发现，不同艺术门类、艺术形式、艺术活动具体凝练而成的艺术成本结构，在其整体成本规模、开支类别构成、开支范围内容、开支额度比重标准上，都有明显的差异特性。调研较好地整合了不同意见和诉求，并依靠管理中心艺术管理经验和认识，对整合意见进行了再次验证和把握，使部分极化意见、不合理意见，回归到正常区间。调研最终形成的相关艺术门类活动成本规模、开支类别结构构成、科目名称及范围定义、开支标准意见等，都较为客观、贴近实际。可以说，基本实现了调研求取“最大公约数”的初衷。

《报告》建议：艺术基金长期形成的分类申报、分类资助、分类管理的模式是合乎艺术创作生产等活动实情的。在《办法》出台与经费管理上，应遵循“分类出台、分类管理”的基本思路，从顶层设计上加强经费支持的科学性和精准度，对不同类别项目、不同门类艺术活动，进行区别化资助与大类科目管理。

四、应用价值和经济、技术、社会效益

《报告》等“艺术成本结构”课题成果基本形成之后，管理中心先后组织召开三次专题研讨会，在课题组内部、管理中心内部以及文化和旅游部政策法规司、艺术司、财务司，财政部科教和文化司等相关司局，中国艺术研究院等研究机构单位，近150家全国艺术机构、单位以及文化和旅游部直属国家艺术单位等范围内征求了意见，对课题研究成果进行“多次把关”。文化和旅游部艺术司代表指出制度成果贯彻了中央及部领导对文艺创作领域的系列重要批示和指示精神，同时具有前瞻性，对未来的文艺工作管理将会产生很好的全国性示范作用。政策法规司代表认为调研基础扎实，为部直属单位，甚至全文化和旅游系统开展调研做出了表率。财政部科教和文化司代表表示，调查研究深入，准备充分，内容反映全面，对优化中央财政资金投入艺术领域，很有参考价值。国家话剧院、中央芭蕾舞团、上海交响乐团、内蒙古民族艺术剧院、曲靖师范学院等艺术单位认为，成果完整细致，结论建议可操作性强，对提升艺术活动项目制管理运作能力，在保证艺术质量的前提下，优化成本控制、提高产出效益有较好的指导启发作用。大家一致认为课题调查研究深入，调研样本量大、代表性好，结论合理，形成的成果丰硕，《报告》对国家艺术经济政策、国家艺术基金项目管理、艺术生产单位的成本控制提供了一定的借鉴参考。

该研究成果被文化和旅游部政策法规司评为“全国文化和旅游系统”2018年度优秀调研报告。基于《报告》结论与建议，管理中心起草形成了《国家艺术基金资助项目经费管理办法》，将于报文化和旅游部、财政部及国家艺术基金理事会领导批准后，适时对外发布。

广东省公共图书馆事业发展报告（2013—2017）

作　　者：张靖，李思雨，杨乃一，陈卫东，彭杰
依托单位：中山大学
成果类别：集体成果

一、研究内容

广东省在2013—2017年，持续推进公共文化服务体系建设、大力发展公共图书馆事业，成果显著。对标《“十三五”时期全国公共图书馆事业发展规划》确定的“十三五”时期全国公共图书馆事业发展主要指标和第六次全国县级以上公共图书馆评估定级标准，广东省公共图书馆事业发展情况较好，公共图书馆事业呈现蓬勃向上、整体推进的发展态势：设施建设注重基层、形成网络，经费保障建立机制、增加投入，文献资源总量丰富、结构优化，服务效能普遍均等、专业高效，人才队伍存量优化、增量优选。广东省公共图书馆事业在保障条件方面政府主体意识强化、保障全面有力；在业务建设方面全面推进专业化、数字化、体系化和社会化；在服务效能方面读者为本、效能导向、服务水平跨越式提升。珠三角地区搭建服务体系骨架、面向长远全面发展，粤东地区盘活资源、建设活动品牌、树立口碑，粤西地区组建区域图书馆联盟、促进资源共建共享，粤北地区以新馆建设为契机、推进事业整体发展，区域发展各具特色、协同推进。

广东省积极开展国家公共文化服务体系示范区（项目）创建工作，公共文化服务、公共图书馆建设的广东经验在全国起到了示范作用，已经初步形成了文化自信、理念引领、体系保障、效能导向的公共图书馆广东经验。

二、研究框架和研究方法

《广东省公共图书馆事业发展报告（2013—2017）》以广东省第六次全国县级以上公共图书馆评估定级数据、广东图书馆学会公共图书馆建设数据为基础，从总体现状、保障条件、业务建设、服务效能、区域特色等几个方面呈现 2013—2017 年广东省公共图书馆事业发展的整体情况。

三、理论创新和学术价值

（1）系统梳理 2013—2017 年广东公共图书馆事业发展情况。本成果以广东省第六次全国县级以上公共图书馆评估定级数据、广东图书馆学会公共图书馆建设数据为基础，选取服务效能、业务建设和保障条件下 132 项指标，分不同级别公共图书馆，分不同年度建设数据，系统梳理了近年来广东公共图书馆事业发展数据，是对广东省 2013—2017 年公共图书馆事业发展的大摸查，为进一步推进公共图书馆事业发展、推动现代公共文化服务体系建设打好了基础。

（2）全面呈现广东图书馆事业发展成绩和经验。广东省努力开创各项事业新局面，持续推进广东省公共文化服务体系建设。本成果以丰富、翔实的数据为基础，从总体现状、保障条件、业务建设、服务效能、区域特色等几个方面，全方位呈现广东公共图书馆事业发展的成绩和经验，是对 2013—2017 年广东省公共图书馆事业发展现状和经验的全面总结和展示，为区域公共图书馆事业发展提供了参考。

（3）广东省图书馆学界和业界在图书馆事业发展实践层面合作的有益尝试。2018 年 10 月，本成果由广东省立中山图书馆、中山大学资讯管理学院联合发布，刊载于《图书馆论坛》2018 年第 10 期。这是图书馆学界和业界在图书馆事业发展实践层面合作的有益尝试，学界、业界联手讲述公共图书馆事业发展的“广东故事”。报告相关图书馆事业发展的数据由业界提供，学界全面分析事业发展的现状和趋势，从整体、全局的角度总结 2013—2017 年广东公共图书馆事业发展情况，将图书馆理论与实践紧密地贴合在一起，是对广东省公共图书馆事业发展的高度总结和全面呈现。

四、应用价值和经济、技术、社会效益

2018 年 4 月 22 日，《广东省公共图书馆事业发展报告（2013—2017）》视频版本

在“书香岭南”全民阅读系列活动启动仪式上发布，引起社会高度关注。人民网、新华网、《南方日报》《羊城晚报》《广州日报》等主流媒体、省内权威媒体均作报道，向社会公众展示了公共文化服务体系建设、公共图书馆服务体系建设的广东情况，向公共图书馆、公共文化服务业界介绍了以文化自信、理念引领、体系保障、效能导向为主要特征的公共图书馆广东经验，为其他地区图书馆事业发展提供参考和借鉴。

2018 年 12 月，在以“新时代 新使命 新发展”为主题的广东图书馆学会 2018 年学术年会上，由本成果作为总报告的广东文化蓝皮书《广东省公共图书馆事业发展（2013—2017）》正式发布。蓝皮书以广东省第六次全国县级以上公共图书馆评估定级数据、广东图书馆学会公共图书馆建设数据为基础，分总报告、区域篇和专题篇三大块，从政府保障、业务建设、服务效能等方面客观全面地呈现和总结了广东省公共图书馆事业发展现状和经验。这是我国第一部区域综合性公共图书馆事业发展文化蓝皮书，也是广东省第一次系统地、长时段地梳理全省性公共图书馆事业发展进展，数据翔实、案例丰富，有利于广东省现代公共图书馆服务体系建设和总分馆建设进一步推进。由广东图书馆学会、广东省立中山图书馆、中山大学国家文化遗产与文化发展研究院联合发布，蓝皮书的出版是广东省图书馆学界、业界与出版界共同研究探讨图书馆事业的一次积极探索，为打造区域性行业共同体提供了宝贵的经验，产生了良好的社会影响。

研究报告类

——三等奖（10 项）

2018年年度河南旅游景区发展报告

作　　者：程金龙，颜文华，韩学伟，杨桂银，张传才，王淑曼，曹晓丹
依托单位：洛阳师范学院
成果类别：集体成果

一、研究内容

本报告研究主题是河南省2018年A级旅游景区的发展。报告从六个方面对河南省2018年A级旅游景区的发展进行了对比研究，不但与2017年数据进行了纵向对比研究，还与河南省各城市之间进行了横向对比研究，还研究了河南省旅游景区发展在全国的地位。研究得出一系列重要结论，对河南省旅游景区总体发展和各城市旅游景区的发展都有极大的指导意义。

本报告指出河南景区旅游发展存在景区发展整体落后于全国平均水平、发展不平衡两个方面的问题。一是河南旅游景区发展整体落后于全国平均水平。4A级以上景区接待游客人数远低于全国平均水平；A级景区平均收入远低于全国平均水平；A级景区门票收入占比远高于全国平均水平。二是河南旅游景区发展不平衡。景区对GDP贡献不平衡、龙头景区带动不平衡、旅游市场结构不平衡、景区类型比例不平衡、景区收入分布不平衡、二次消费收入不平衡。

本报告最后为河南景区发展指明了方向：一是推进文旅深度融合，树立融合发展河南标杆；二是凸显龙头带动效应，旅游助力中原更加出彩；三是总结旅游扶贫经验，乡村旅游助推乡村振兴；四是健全旅游公共服务，贡献全域旅游河南智慧；五是丰富旅游品牌体系，媒体融合传播“老家河南”；六是注重景区品质提升，推动旅游业高质量发展。河南省要全面响应国家优质旅游发展战略和《关于实施旅游服务质量提升计划的指导意见》、服务河南向高质量发展转型重大战略部署，以4A级以上景区提质增

效和各类示范试点建设为核心，继续强化智慧旅游景区建设、智慧旅游乡村建设和智慧旅游企业建设，通过跨界融合和共享发展，不断提供服务品质、拓宽景区功能、延伸产业链条，提高旅游景区综合效益，全面提升旅游体验品质、全面提供群众旅游参与度，增强群众获得感、幸福感。

二、研究框架和研究方法

本报告研究框架主要包括如下三大部分：

第一部分为河南景区旅游发展特征。第二部分为河南景区旅游发展问题。该部分首先从全国视角，揭示了河南旅游景区发展整体落后于全国平均水平；然后从河南自身视角，揭示了河南旅游景区发展不平衡问题。第三部分为河南景区发展方向。本报告从六个维度，提出了河南景区下一步发展方向。

研究方法：作为政府智库报告，为了确保结论权威性和通俗易懂性，本报告研究方法主要采用了文献分析法、实地调查法和对比分析法。

三、理论创新和学术价值

本报告是第一次对河南省旅游景区的发展做的系统分析报告。本报告中对A级旅游景区数量统计、A级旅游景区等级构成统计、A级旅游景区门票收入统计、A级旅游景区游客接待统计、A级旅游景区旅游收入统计五个方面的研究结果都是第一次系统提出。本报告对数据的系统分析，对结果的对比分析有一定的创新性，对其他省区市旅游景区研究报告的撰写有一定的借鉴和指导意义。

四、应用价值和经济、技术、社会效益

本报告的研究成果有助于河南省加快旅游景区建设发展步伐，通过文化创意、科技创新和改革开放，在文化演艺、文化创意、文物活化、文化节庆、文化展览和博物馆、文化馆数字化传承等方面大胆创新，形成显著传承创新中原文化的文旅融合独特模式，使河南文旅融合大放异彩，树立全国文旅融合发展河南标杆。

有助于河南省各城市提出适合自己的景区发展策略，有助于各城市提出景区发展重点方向和重点景区，强化改革推动、开放带动、创新驱动，把各地市龙头景区做优

做强，让更多龙头景区迈入每年接待游客500万人次和总收入5亿元的阵营。

有助于各A级景区提出适合自身的发展策略；有助于龙头景区凸显龙头带动效应，旅游助力中原更加出彩；有助于增强龙头景区资源聚合和区域辐射能力，使龙头景区成为带动区域旅游发展的重要增长极。

旅游目的地网络形象要素研究

——以黄山风景区为例

作　　者：廉同辉，余莱花
依托单位：南京财经大学
成果类别：集体成果

一、研究内容

旅游业是现代科技手段应用最广泛、最前沿、最密集、最活跃的领域之一，极易受互联网的影响。我国旅游机构的网络形象展示进入了多元化快速发展阶段，旅游机构自身网络平台和在线旅游运营商网络平台都是其网络形象展示的重要渠道。建立及优化旅游目的地网络形象是完善我国旅游业治理体系、提升我国旅游业发展层次的迫切要求，旅游目的地网络形象可为旅游目的地宣传效果的测量和舆论监管提供依据。现有旅游目的地网络形象的研究主要集中在文本形象的研究，缺乏跨媒体类型（文本、图片等）以及跨平台（官方网络平台、在线旅游运营商网络平台等）的形象分析，缺乏对不同网络平台上的文本和图片差异性分析。

本研究从多个网络平台采集黄山网络形象的图片和文本信息，利用内容分析法分别对图片和文本信息进行分析，解析得到黄山网络形象要素，进而统计各个网络渠道中黄山网络形象各要素的呈现情况，依据研究结论，提出旅游目的地在其网络形象管理和提升中的策略。具体内容如下：（1）“蜘蛛”爬虫软件研发及黄山网络形象信息获取。开发“蜘蛛”爬虫软件获取黄山在新浪微博、携程、去哪儿等官方网络媒体及在线旅游运营商网络平台上的7659个文本和7131张图片信息；将获取的信息进行技术处理，建立索引类目等。（2）对黄山网络文本和图片信息进行编码。从获取的黄山文本和图片多媒体信息中各抽取一定样本，构建网络形象的旅游要素类目体系；设计黄山网络形象的编码说明及编码表，对编码人员进行训练，进行正式编码；对编码进行信度检验和效度检验；确定黄山在不同网络平台上的文本和图片等多媒体信息中旅游要素特征。（3）对黄山网络形象特征进行分析。对黄山网络形象的旅游要素特征进行描述分析；检验黄山旅游形象在不同网络平台上的文本和图片中是否存在显著性差异，并探究其原因。

二、研究框架和研究方法

（一）研究框架

本研究以黄山风景区为例，探索其网络形象的构成，具体步骤如下：（1）基于Python语言开发网络爬虫工具，对黄山在12个网络平台中的文本和图片信息搜索和采集；将获取的信息进行技术处理，建立索引类目。（2）制定黄山的编码手册对抽样样本编码，对编码的信度和效度进行检验以准确测度旅游目的地网络形象，对获取的网络文本和图片进行编码。（3）分析黄山文本和图片的网络形象组成要素，对各要素在不同网络平台之间的差异性进行检验。

框架路线见下图：

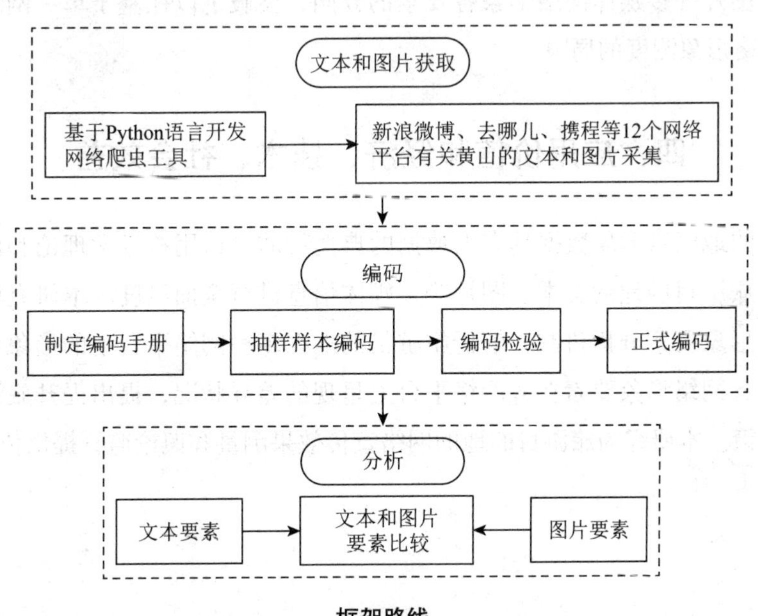

框架路线

（二）研究方法

（1）符号学理论。符号学是研究事物符号的本质、符号的发展变化规律、符号的各种意义以及符号与人类多种活动之间的关系。符号接受现象指主体接受到载体并从载体联系到他者的过程，符号理解现象涉及符号接受过程。本研究将采用符号学理论对旅游目的地网络形象解析，分析旅游目的地网络形象的文本和图片要素。

（2）内容分析法。内容分析法可以对传播内容进行客观，系统和定量描述的研究，对传播内容所含信息量及其变化的分析，即由表征的有意义的词句推断出准确意义的过程。本研究通过内容分析法构建编码手册、抽样样本编码、编码的信度和效度检验、对各网络平台图片和文本信息进行正式编码。

三、理论创新和学术价值

（1）将旅游目的地形象测度延伸到旅游目的网络形象测度，为后续基于旅游目的地网络形象的相关研究提供了分析基础。

依据数据挖掘技术从多种网络平台上获取文本和图片大数据样本，突破以往研究样本选取获取较为片面的局面。

（2）对旅游目的地在不同网络平台上的多媒体信息进行测度，厘清不同网络平台上的文本和图片等多媒体网络形象各要素的异同，突破了以往基于单一网络平台、单一媒体的网络形象测度的局限。

四、应用价值和经济、技术、社会效益

旅游目的地网络形象数据具有大数据的典型特质，运用符号学理论和内容分析法能够实现对旅游目的地的文本、图片等多媒体信息进行全面测度。本研究构建了旅游目的地网络形象要素分析机制，解析旅游目的地在多种网络平台上的形象要素，分析旅游目的地各网络形象要素在各网络平台上呈现的差异状况，提出提升旅游目的地网络形象的对策。本研究为旅游目的地的网络宣传效果测量和舆论监管提供依据。

抓自驾游，推动国内旅游人数进全国 10 强

作　　者：蒙睿
依托单位：云南省旅游规划研究院
成果类别：个人成果

一、研究内容

本研究的主要内容包括四个方面。

第一，自驾游的发展情况。通过分析车、路、人三个核心要素，借助文化和旅游部公布的相关数据、中国旅游研究院主持编撰的相关书籍以及其他文献资料，总结出随着车、路、人（驾驶员）三维度增长和中国旅游进入大众化时代，散客化、小群体，机动灵活的自驾游成为市场主流。人开车在路上追寻快乐的旅游方式，不经意间，已经撑起了国内旅游的半边天。

第二，自驾游对全域旅游的作用。从自驾游全面融入新老旅游要素入手，从传统旅游要素对自驾游市场的关注和通过“自驾游 +”不断催生的新产品、新业态进行深入分析；春夏秋冬，四季皆自驾入手，通过数据分析出全年皆游是我国自驾游的普遍特征；从东西南北中，全域皆自驾入手，通过中国自驾游线路评选委员会历年评选数据总结了全国自驾游客最向往的自驾游目的地的分布情况。

第三，自驾游俱乐部的发展特征。通过对全国 2017 年度百强俱乐部分布情况分析，总结出百强俱乐部呈现以下特征：会员规模庞大，活动频次高，到场车辆多，参加活动人数多，会员活跃。并根据百强俱乐部调查统计，分析出俱乐部的盈利主要来自景区景点、餐厅、汽车后市场、酒店、4S 店、广告传媒、景区策划七个渠道，同时还从赛事、自驾装备、土特产、赞助、展销、拓展、租赁车等渠道获取利润，把它称为有别于传统旅行社盈利的“7+X”模式。

第四，云南开拓国内自驾游市场的举措。结合国家统计局数据与云南发展自驾游的

现状，建议明确并开展以下工作：一是确定以自驾游拉动云南国内旅游高质量增长的战略；二是采取“走出去引进来”和“拿真金白银引进来”相结合的国内自驾游市场开拓战术；三是关注几个全国自驾游出现的新动向，始终把云南自驾游置于引领地位。

二、研究框架和研究方法

研究框架：本研究从现状分析来客观、科学反映自驾游的整体发展态势，在梳理自驾游推进全域旅游深入发展的各个领域、总结自驾游俱乐部有望成为优质旅游生力军的基础上，提出云南开拓国内自驾游市场的举措，助力自驾游的健康可持续发展。

研究方法：本研究综合运用文献分析、问卷调查、网络文本等方法，力求研究过程的科学性，确保研究成果的可行性。

三、理论创新和学术价值

本研究客观、科学反映自驾游的整体运行态势，在梳理自驾游推进全域旅游深入发展的各个领域、总结自驾游俱乐部有望成为优质旅游生力军的基础上，提出云南开拓国内自驾游市场的举措，助力自驾游的健康可持续发展。

四、应用价值和经济、技术、社会效益

通过近5年的不懈努力，特别是近两年一手抓市场整治、一手抓转型升级的务实工作，2017年云南旅游经济指标与全国其他省区比较，游客总量、旅游总收入、海外旅游者人数，海外旅游收入、国内旅游收入均进入全国前十（含第十位），提前三年实现了2013年《中共云南省委 云南省人民政府关于建设旅游强省的意见》中提出的“到2020年力争接待海外旅游者和旅游外汇收入居全国前列，旅游总收入进入全国10强”等定量指标。但对比产业实力强、产业贡献强、产业竞争力强、支撑产业发展能力强的“旅游强省”系统目标，考虑到未来三年全国旅游市场的此起彼伏、快速增长，云南旅游快速发展的劲还不能松，高质量发展的力还不能减，特别是针对“国内旅游人数”的短板还应该重点突破。基于长期对自驾游的研究和“一机办”对自驾线路、营地建设的工作安排，本研究重点谈国内自驾游的现状和市场开拓的建议，为自驾游的健康可持续发展提供助力。

浙江省文旅融合促进旅游发展的经验与建议

作　　者：徐云松，张苗荧，刘建明
依托单位：浙江旅游职业学院
成果类别：集体成果

一、研究内容

2012年开始，为推动文化旅游产业发展，浙江省开化县率先探索文旅融合发展道路，开展系列文旅融合机制体制调研。2014年4月底，开化县按照浙江省、衢州市委关于开展国家主体功能区试点和省级重点生态功能区示范区建设试点要求，构建“大文旅”格局，组建县文化旅游局；2016年6月，结合国家全域旅游示范区创建，又将文旅局更名为文旅委，自此，“以文促旅，以旅载文”的良好态势基本形成。之后，其他地市也相继跟进，有的地市虽未进行实体行政部门整合，但在实际工作行动中也进行了文旅融合的积极探索。这几年来，浙江省在文旅融合方面主要取得了四个方面的经验：一是旅游在有效保护地方优秀文化延续和壮大的同时，地方文化也有效实现了经济转化，产生了文化经济；二是文旅委一体后，不仅编制减少，而且消除了文旅一体前因文化局、旅游局之间必要的协调沟通所产生的人力、财力、时间的消耗，很大程度上提升了行政部门的工作效率；三是地域文化对旅游产品的植入，极大提升了旅游产品的区域识别度，有效地规避了不同区域之间旅游产品的同质化竞争的问题；四是文化的植入有效提升了旅游景区的内涵和品质，突破了低端化运转的局面，大大拓宽了游客旅游的视野。值得注意的是，浙江文旅融合的这些年探索中，也存在不少的问题和不足，主要体现在四个方面：一是文艺演出团体及博物馆依然处在曲高和寡的境遇之中，依然未能有效融入游客的旅游活动当中去，成为大众游客消费的旅游产品；二是戏剧、非遗等传统文化资源由于未能主动迎合市场的需要而及时做出应变，受众面变得越来越窄，已然成为一种小众产品，不能被广大人群所接受，文化消费原本是消费者主动去“要”，现在却变成了文艺演出主体强行去“送”；三是非遗项目依然置身高阁，均处于只保护而未开发的状态之中，这些“只可远观”的古董未能有效进行旅游经济转化，这种一味经济投入而始终没有经济产出的文化保护模式，使得政府的财政保护资金投入变得捉襟见肘，有的地方不得不依靠民间资本的介入；四是旅游原本是传播科学文化、普及科学知识的载体，如今被一些景区搞成了传讹的帮凶，这种肆意编造传讹的做法对我国传统文化的传承造成了严重的伤害，贻害万代子孙，不容小觑。针对存在的不足，该成果提出了四个方面的建设性意见：一是制定地方补充标准，在现行的国家A级旅游景区评定标准中植入中国传统文化内容，浙江省原文化厅下辖的各类文艺演出团体、各类文化场馆每年进入旅游景区演出或巡展的次数及周期必须纳入年终考核指标；二是对于省级及以下文保单位，可适度降低旅游开发门槛，进行合理的旅游开发，让这些文保单位从沉睡中苏醒，动起来，活起来，因地制宜地转变成可供游客体验消费的旅游产品，在实现文化经济转化的同时，进一步丰富旅游市场产品的类型，强力助推旅游市场壮大，并向成熟化迈进；三是成立专门的文化顾问机构对文化旅游资源相关信息进行通体确认，政府委派相关部门根据顾问团通体确认的结果发布权威公告，并向相关知识产权属主颁发认定证书，建立旅游景区导游词审查制度，从源头杜绝讹传、低俗现象发生；四是以经济奖励或项目评奖的形式积极鼓励旅游景区与文化艺术演出团体就文化艺术演出内容、演出形式协同创新，将游客的满意度评价纳入对文化艺术演出团体的年终考核指标，将文化艺术演出团体对旅游景区的贡献度纳入文化艺术演出团体的年终考核指标。

二、研究框架和研究方法

（一）研究框架

（1）文旅融合取得的经验。①旅游在有效保护地方优秀文化的同时，也为地方政府带来了文化经济；②在极大提升行政人员工作效率的同时，也大幅优化了财政资金的有效性；③文化在提升旅游产品识别度的同时，也降低了旅游产品的同质化竞争；④文化在有效提升旅游低端运转的同时，也极大延拓了旅游的教育功能。

（2）文旅融合存在的问题。①传统文化资源融入旅游的程度不高；②传统文化传播以“强卖”为主要手段；③文化资源的经济转化程度很低；④文化资源争夺传讹态势愈演愈烈。

（3）几点建议。①制定地方补充标准，景区植入传统文化；②降低文保开发门槛，丰富旅游产品类型；③成立文化顾问机构，清除文化传讹贻害；④引入协同创新机制，提升文化普及程度。

（二）研究方法

（1）访谈法：重点访谈了市级、县级文化和旅游部门的主要负责人，详细了解浙江文旅融合发展过程中存在的主要问题。

（2）查询法：以各地市政府部门发布的政府工作报告，携程、马蜂窝等各大网络平台的统计数据为基础进行数据分析。

三、应用价值和经济、技术、社会效益

本研究成果为浙江省文化和旅游厅已经起草的《推进浙江省文化和旅游高质量融合发展实施意见》《关于推进杭州市文旅融合高质量发展的若干意见》以及即将起草的《浙江省“十四五”文化和旅游发展规划》起到支撑作用，为浙江文化和旅游产品的策划提供了参考依据。

浙江省全域旅游产业测算分析

作　者：吴雪飞，黄佳惠，吴珺，蔡雅萍，黄志鹏，万迪辉，杨鑫建
依托单位：浙江旅游职业学院
成果类别：集体成果

一、研究内容

在现行旅游统计结果“横向不可比，纵向不可加”的局限性下，浙江省于2016年启动全域旅游统计改革工作，通过开展省级试点县旅游产业统计方案研究、旅游产业增加值试算等途径，在总结各方经验的基础上，省旅游局和省统计局联合下发《关于开展全省全域旅游统计工作的通知（浙旅政法〔2017〕66号）》，制订《浙江全域旅游产业测算方案》《浙江全域旅游产业统计分类》《浙江全域旅游产业名录建库方案》《浙江旅游发展集聚区和旅游特征企业认定办法》等实施方案。本研究通过介绍浙江省旅游统计改革背景、全域旅游统计体系，分析省、市、县三级旅游产业测算结果等内容，证实了浙江现行全域旅游产业统计体系在省、市、县三级测算均具有较强的可操作性。

本研究共包含以下方面研究内容：

第一，全面梳理浙江省开展全域旅游产业测算背景，包含浙江省旅游统计改革、服务全省重要产业发展战略、服务全域旅游示范县创建三方面内容。

第二，从全域旅游产业统计分类、旅游消费结构调查、旅游发展集聚区和旅游特征企业、旅游产业名录库等方面剖析当前全域旅游统计体系建设情况。

第三，深入分析省市县旅游产业测算结果，用数据论证“全域”口径下的旅游产业测算方法更加科学。包含2017年全省旅游产业测算、市级测算、淳安等26县测算以及全省首批创建全域旅游示范县测算结果分析等内容，从旅游产业增加值构成、投入产出效果、旅游产业对就业的拉动作用、全域旅游产业增加值占比与第三产业增加

值占比的相关程度等方面深入分析测算结果。

二、研究框架和研究方法

根据研究目的，收集相关背景资料—分析当前全域旅游统计体系建设情况—整理旅游产业测算数据—结果分析。

本研究在基于全域旅游产业统计体系框架下，根据省统计局核定的省、市、县三级全域旅游产业测算结果，通过旅游产业增加值占 GDP 比重与第三产业增加值占 GDP 比重之间的相关程度、各市旅游经济效益、旅游产业增加值构成情况、就业拉动作用等方面进行实证分析。

三、理论创新和学术价值

在全国范围内，浙江省较早地开启了全域旅游统计改革，目前在全域旅游产业统计研究方面，还未见学者对现行浙江省旅游产业测算体系进行相关实证研究。本研究在系统梳理浙江省开展全域旅游统计的背景下，从省、市、县三级测算结果论证浙江省旅游产业测算体系的科学性和合理性，研究视角和内容均具有创新性。

四、应用价值和经济、技术、社会效益

本研究主要有以下三方面的应用价值：

一是社会经济效益。报告中的核心指标“2017 年全省全域旅游产业总产出 10023 亿元，增加值 3991 亿元”已被浙江省文化和旅游厅采用，作为反映全省全域旅游产业发展状况的综合性指标。

二是为各级党委政府提供决策参考依据。在全域旅游已上升为国家战略的形势下，如何运用综合性的经济指标来反映区域旅游发展状况是当前社会关注的热点，浙江省全域旅游产业数据在省、市、县三级统一规范的产业测算体系下实现了“横向可比，纵向可加”。

三是服务地方旅游产业发展。本研究成果可以为各设区市、县（市、区）提供数据参考，为其自身发展寻找差距，补齐全域旅游产业发展短板。

粤港澳区域旅游合作研究

作　　者：李国平，余颖，杨智涛，刘学伟，文捷敏，刘学敏，廖海利
依托单位：广东省旅游发展研究中心
成果类别：集体成果

一、研究内容

本研究为新时代背景下特殊区域旅游合作的应用研究，旨在通过分析粤港澳区域旅游合作历程与现状，探索新形势下三地旅游合作机制与合作重点，为进一步深化粤港澳区域旅游合作提供智力支持和决策参考。研究报告包括研究背景，合作动力、目标、机制与路径，重点合作领域，合作热点研究，政策建议五个方面内容。主要内容如下：

（1）粤港澳区域旅游合作中的三方诉求与目标。阐述了三方各自诉求，同时聚焦三方共同诉求，共建宜居宜业宜游的粤港澳大湾区。

（2）粤港澳区域旅游合作中亟待解决的问题。现有体制机制对旅游市场束缚依然存在，区域组合优势和旅游资源优势有待转化，三地差异性互补合作有待提升，区域旅游合作具体办法不多。

（3）粤港澳区域旅游合作机制。建立粤港澳大湾区框架下的旅游合作机制、多元诉求视角下的粤港澳旅游合作机制、基于动态发展过程的区域旅游合作机制、对外开放的区域旅游合作机制、社会各界广泛参与的多层次旅游合作机制。

（4）粤港澳区域旅游合作重点领域。

“一程多站”的旅游产品开发。加强商务会展旅游、文化旅游、滨海旅游、康养旅游合作，推动在都市观光、娱乐购物、主题公园、体育旅游等方面的合作开发。

市场联合推广。丰富线路内容，加强联合推广，创新旅游联合推广方式，共设海

外联合推广中心。

基础服务设施共建。加快无障碍旅游交通网络与区域内旅游集散体系建设，加强区域内旅游集散体系建设，共建“智慧旅游”服务平台。

科研教育高地打造。整合域内教育与旅游要素资源，共同打造世界一流的旅游教育培训与科研创新高地。

市场联合监管。建立旅游市场综合监管协调机制，推进三地旅游行业诚信体系建设，加强区域旅游标准对接。

（5）粤港澳区域旅游合作热点。

粤港澳大湾区城市群旅游整合与品牌建设。加强地标性旅游吸引物集群整体宣传推广，加强旅游品牌集群、商业休闲街区集群等多元化优势旅游产业集群培育，加强珠中澳香山文化旅游圈等跨区域、次区域旅游对接与整合。

共同打造粤港邮轮母港群。完善粤港两地邮轮产业发展协调机制；建立邮轮资源共享、产品共建、客源互送的市场联合机制；建立邮轮旅游产学研一体的人才培养平台；构建完善的邮轮产业体系。

加快推进粤港澳游艇自由行。进一步简化游艇通关手续。

充分发挥自贸区旅游合作的先行作用。在粤港澳旅游合作政策、离境退税等方面先行先试，建设粤港澳区域旅游合作示范区。

积极推动研学游学旅游互动。共同策划开发主题多元、“一程多站”的研学旅行线路。

港珠澳大桥开通的影响。大桥本身形成了新的高品位旅游吸引物；粤港澳三地游更为便捷；近距离连通了港澳到粤西、珠江西岸城市乃至广西的游览线路。

粤港澳区域旅游合作政策建议。探索优化相关入境签证政策；推进境外旅客离境退税政策便利化；推进粤港澳通关便利化；研究逐步放开粤港澳三地旅游执业资格认证。

二、研究框架和研究方法

（一）研究框架

本研究在回顾和梳理粤港澳三地旅游合作历程，分析粤港澳三方的相对优势、合作诉求和存在问题的基础上，以贯彻“一带一路”倡议、“粤港澳大湾区”国家战略部署为出发点，提出粤港澳旅游合作的目标、机制与路径，研究当前粤港澳合作的重点与热点，提出进一步深化粤港澳区域旅游合作的具体举措与政策建议。

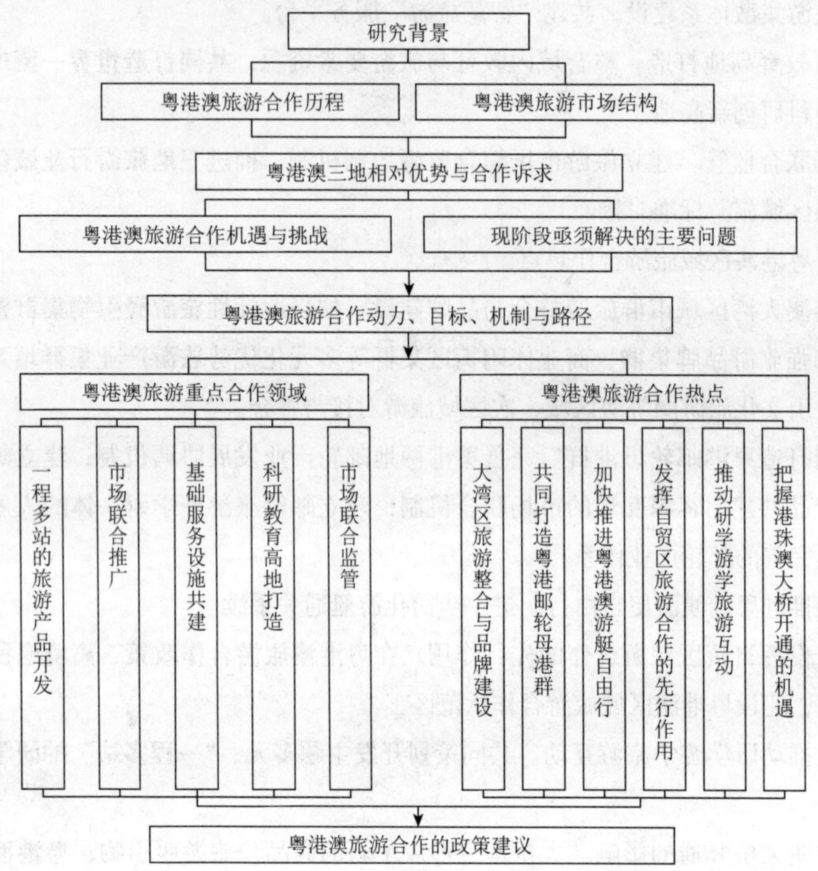

研究框架

（二）研究方法

（1）实地调查方法：通过开展实地调查和参与性访谈获取相关一手资料和数据，深入分析和了解粤港澳三地旅游合作发展现状、综合特点及演变机制。

（2）系统分析方法：以系统的视角梳理粤港澳区域旅游合作中存在的问题，形成系统性框架的问题目录树，并结合实践发展经验和新时代发展要求找出解决问题的可行方案。

三、理论创新和学术价值

粤港澳作为一个紧密联系的整体，不能割裂来看待三者之间的联系，也不能脱离时代特点看待三者之间的联系。本研究一方面以动态发展的视角观察和分析粤港澳区域旅游合作；另一方面，从传统的单向视角向多向视角转变，站在粤港澳三方诉求的角度研究粤港澳旅游生态圈的合作，形成了粤港澳区域旅游合作的系统性研究框架。

四、应用价值和经济、技术、社会效益

（1）粤港澳区域作为全国典型的区域旅游合作样本，通过粤港澳旅游深化合作，将进一步推动内地与港澳之间的合作交流，可为区域旅游合作，尤其是全国其他省区市在加强与港澳之间的旅游合作方面提供借鉴。

（2）本研究从应用性和实操性入手，结合当前粤港澳区域旅游合作中的合作重点领域与合作热点深入研究，探索在不同制度下旅游合作政策措施的相互延伸，对于更好推进粤港澳区域旅游合作有着现实的参考意义。

皖南国际文化旅游示范区建设发展规划纲要中期评估报告

作　　者：姚国荣，陆林，黄剑锋，陈健
依托单位：安徽师范大学
成果类别：集体成果

一、研究内容

《皖南国际文化旅游示范区建设发展规划纲要中期评估报告》（以下简称《报告》）指出示范区发展指标中期实施情况：《皖南国际文化旅游示范区建设发展规划纲要》实施中期情况总体良好，多数指标达到或超过序时进度，生态建设达到要求指标，城市污水处理率、城市生活垃圾无害处理率均超过预定目标。旅游总收入等继续努力，基本能够达到。城乡居民人均可支配收入、农村居民人均纯收入较难达到。《报告》还就示范区建设情况、示范区建设主要经验、示范区发展主要问题、下一步工作重点全面阐述。最后提出几点重大建议：全面融入长三角，共建区域一体化；加强生态建设，推进生态环境高质量发展；加快文化利用与创新，推进文化高质量发展；完善设施建设，推进大项目带动；推进政策体系建设，保障高质量发展。《报告》作为安徽师范大学首次对国家战略规划进行评估，更是示范区全面总结建设成就、部署示范区下一步建设发展的纲领性、指导性重要报告。

二、研究框架和研究方法

（一）研究框架

主要包括：示范区发展指标中期实施情况、示范区建设情况、示范区建设主要经验、示范区发展主要问题、下一步工作重点、几点重大建议等。

（二）研究方法

运用系统的思想，借助旅游学、经济学、管理学、政治学、文化学、地理学等多学科理论与方法，以多学科理论的综合、多种方法的集成、多视角论证来开展研究。数据资料来源于示范区建设的官方文件、官方统计数据资料、官方网站资料、课题组收集第一手资料等。

三、理论创新和学术价值

本成果主要在三个方面取得创新：一是研究方法创新，二是研究内容创新，三是咨询服务创新。

（1）研究方法长期性，多种方法融合。将皖南国际文化旅游示范区放在现在和未来较长时间周期内进行研究，时间跨度上涉及成为国家战略之前谋划期（2009 年 9 月至 2014 年 2 月）、国家战略建设发展期（2014 年 2 月至今）、国家战略中期评估期（2014 年 2 月至 2017 年 12 月底）三个阶段，形成较为完整的研究时间序列。课题组认为，未来将在很长时期内，继续对准“示范区城墙口”冲锋，继续沿着将理论与实践高度结合，继续撰写示范区高质量研究报告，继续做出重大突破性贡献。课题组长期持续收集资料、长期全程跟踪调研，形成时间序列上较为完整翔实的研究数据资料。通过多种分析方法、不同研究视角，探索皖南国际文化旅游示范区发展路径。

（2）研究内容的系统性、研究体系的综合性。以皖南国际文化旅游示范区为研究对象，从宏观、中观、微观三个层面，建立多视角、多维度、系统性与科学性的研究内容。研究体系涉及国家战略前谋划、国家战略建设发展、国家战略建设发展中期评估等不同的时间维度；围绕示范区建设发展、示范区协同发展、一体化建设、健康产业发展、全域旅游发展、黄山国家公园体制以及示范区中期评估等不同建设发展视角；涉及示范区总体和专项发展的战略目标、战略定位、发展路径等。

（3）研究成果咨询服务性极强。课题组撰写数十份研究报告，省领导批示 3 次、专供省领导参阅 2 份，特别是中期评估报告。这一系列研究成果，为《皖南国际文化旅游示范区建设发展规划纲要》经国务院同意获批及其获批后的建设发展工作，做出了重大突破性贡献，在决策咨询部门和学术研究部门，得到了高度评价。

四、应用价值和经济、技术、社会效益

2014 年 2 月 12 日，经国务院同意，国家发展改革委批复了《皖南国际文化旅游示范区建设发展规划纲要》，正式成为全国第一家国家战略文化旅游示范区。皖南国际文化旅游示范区，范围包括黄山市、池州市、宣城市、芜湖市、铜陵市、马鞍山市和安庆市共 7 市，辖 47 个县（市、区），国土面积 5.7 万平方公里，总人口 1896 万，其中黄山市、池州市，宣城市绩溪县、旌德县、泾县，安庆市岳西县、太湖县、潜山市被划定为核心区。

从 20 世纪 80 年代开始，安徽师范大学卢村禾教授将皖南设计成以黄山为中心的"众星拱月"型总体布局，后经过陆林等教授丰富和完善，形成"皖南旅游区"。从 2009 年始，安徽师范大学以姚国荣、陆林等教授为主要牵头人，以安徽省委、省政府积极将皖南打造成国家战略为契机，与安徽省政府办公厅、省政府发展研究中心、省发展改革委、省旅游局、省社科院等部门紧密合作，着手国家战略的前期调研和谋划工作。自 2009 年来，课题组撰写了数十份高质量研究报告，引得省领导高度重视，其中《皖南国际文化旅游示范区建设研究》《关于在皖南国际文化旅游示范区建设中建设宣纸产业园区的建议》《关于在皖南国际旅游文化示范区建设研究中加快打造"汪王文华"品牌的建议》获得分管省长重要批示;《推动皖南国际文化旅游示范区协同发展的对策建议》《当前安徽省旅游业发展的思路谋划》等报告专供省领导参阅。

2014 年之前相关研究成果，于 2019 年 1 月，获得安徽省社会科学一等奖，安徽省委常委宣传部长亲自为获奖者颁奖。

2014—2017 年，也即示范区成为国家战略后，安徽师范大学以姚国荣、陆林等教授集中全力聚焦示范区建设发展研究，先后获得安徽省相关部门课题支持，撰写了《推动皖南国际文化旅游示范区协同发展研究》《黄山国家公园体制建设研究》《皖南国际文化旅游示范区一体化建设研究》《皖南健康产业发展思路研究》《皖南国际文化旅游示范区发展研究》《皖南国际文化旅游示范区全域旅游发展研究》六篇专题研究报告，供安徽省委、省政府参考决策。

2018年年初，课题组接受示范区建设发展规划纲要中期评估工作，这是安徽师范大学首次对国家战略规划进行评估。课题组撰写了高质量评估报告，得到安徽省级相关部门高度认可与肯定。

该研究成果全面进行了示范区前期调研与谋划工作，中期建设发展多方面专题进行深入研究，中期评估阶段性总结。研究成果开创了文化旅游示范区研究，理论上填补了特色示范区研究上的不足，丰富了示范区研究内容体系，拓展了示范区研究的广度与深度，拓宽了经济学、管理学、政治学、旅游学、文化学、地理学等相关学科的研究领域，为示范区在我国可持续发展提供有效的理论指导与技术支撑。

课题组聚焦“皖南国际文化旅游示范区”国家战略课题，出色完成了任务，产生了一系列研究成果，为区域文化旅游发展科学研究者在研究对象聚焦、研究方法多样、研究问题跟踪、研究成果管用等方面，提供样板和示范作用。

南平市文旅生态银行试点方案

作　　者：崔莉
依托单位：北京第二外国语学院
成果类别：个人成果

一、研究内容

生态文明背景下，践行习近平总书记“绿水青山就是金山银山”这一科学论断，是生态文明建设的重要任务，更是探索自然资本新经济的时代课题。南平市地处福建省北部，拥有非常丰富的自然、生态、文化等资源。但是南平市资源优势未能有效转化为经济优势，是典型的资源富集后发展地区。近年来，随着大众休闲旅游时代到来，旅游业已成为南平市国民经济的支柱产业。然而以世界“双遗产”地武夷山为发展核心的南平市旅游业却呈现出小农旅游经济的现象，基本没有税收。因此南平市文旅产业发展体制机制的创新迫在眉睫，南平市文旅生态银行应运而生。南平市文旅生态银行开展了两个试点项目，其中，五夫镇文旅生态银行形成了“文化统领、IP 运营、全域全资源门类承载”的运作模式；古厝文旅生态银行，形成了“平台公司 + 村集体 + 理事会 + 农户 + 艺术单位”合作格局。

二、研究框架和研究方法

本报告以南平市文旅生态银行为例，研究框架主要分为三部分。首先，本报告对文旅生态银行的背景、发展意义、概念及平台构建与模式设计进行了详细阐述；其次，对南平市文旅生态银行两个试点，即武夷山市五夫镇“文旅生态银行”、延平区“古厝文旅生态银行”进行了详细剖析，包括每种模式如何确定、如何操作运行；最后，本报告分析了文旅生态银行运行过程中系统性风险与非系统性风险出现的原因，并有针对性地提出了风险防范和控制对策。

本报告的具体研究方法主要围绕两条线索开展：一是理论研究线索，二是实证研究线索。首先，通过广泛阅读相关的学术资料，了解这些领域的研究进展和最新成果，并吸取其研究成果和实践经验，探索符合南平市文旅发展实际的制度设计。其次是选取延平区巨口乡、武夷山市五夫镇为试点，经过多次调研，揭示这两个地区在资源产权及利用方面存在问题，继而分析原因，并提出对策建议，从而因地制宜选择不同的文旅资源经营方式，提出不同的生态银行运营模式。

三、理论创新和学术价值

南平市文旅生态银行是国内外关于自然资源变资产成资本为数不多既有理论总结又有实践案例的研究，主要有以下几方面贡献:（1）南平市文旅生态银行通过重塑自然资源资本化融资主体，由原有的政府融资平台转变为现代化市场主体，引入市场化资金和专业运营商整体运营，形成了规模化、产业化的专业运营机制，推动人才与资本要素进入乡村振兴和自然资源保护开发领域，实现了“生态美”“百姓富”有机统一；（2）通过搭建南平市文旅生态银行平台，解决了资源前端分散输入、中端整合、后端集中开发三个方面的具体问题，打通了旅游资源变资产成资本的通道，为其他资源富集后发展地区绿色经济发展、脱贫致富提供了坚实的理论及实践基础，提供了一条可复制、可推广的路径;（3）南平市文旅生态银行通过系统化的机制和体制改革，把资产的所有权和经营权有效分离，对乡村的资产、自然资源进行确权，变成可交易、可转换的金融市场的产品和能引入资本通道的资产，促进了南平市构建新型文旅经济，同时也为南平市生态产品价值实现提供了重要途径。

四、应用价值和经济、技术、社会效益

南平市文旅生态银行以生态环境大数据为抓手，构建了基于大数据技术的生态环境治理体系，推动了生态环境治理能力现代化。同时，利用大数据平台，将碎片化、分散化的文化及古民居资源进行系统收储、整合、优化，转换成集中连片优质高效的资产包，并导入产业，委托专业化有实力的运营商运营，从而将资源转变成了资本。通过一系列举措，南平市大力发展了乡村旅游、农业旅游、森林康养等多项旅游产业，

延长了旅游消费链，形成全域旅游发展态势，为南平市攻克旅游发展瓶颈及创新旅游机制体制做出了卓越贡献。

南平市文旅生态银行试点成果被各大主流媒体争相报道，如《人民日报》《光明日报》、新华网、《福建日报》《闽北日报》等媒体跟踪报道，央视新闻、东南卫视、福建卫视新闻等频道专题报道，《贯彻落实习近平新时代中国特色社会主义思想在改革发展稳定中攻坚克难案例·生态文明》中列举了南平市文旅生态银行试点案例，以上均属社会各界对南平市文旅生态银行试点方案的高度肯定。

上海邮轮经济实施创新驱动发展战略研究

作　　者：叶欣梁，孙瑞红，邴振华，史健勇，王家道，翁长茂，邱羚，梅俊青
依托单位：上海工程技术大学
成果类别：集体成果

一、研究内容

当前我国邮轮经济正在经历前所未有的历史性转变，从高速度向高质量发展转变，从新兴起步市场向邮轮大市场转变。中国继续保持全球第二大邮轮客源市场，上海区位优势得天独厚，上海吴淞口国际邮轮港短短几年间跃居亚洲第一、全球第四大邮轮母港。

但是同时，我国邮轮经济还存在较大问题，产业链上、中、下游发展不均衡不充分，邮轮设计、制造、维修等依然未有重大突破，总部经济尚处起步阶段；本土邮轮产业发展缓慢，缺乏本土邮轮航线产品和经营团队，产业要素集聚效应偏低；邮轮旅游市场渗透率较低，入境旅游发展缓慢，因此研究未来邮轮经济实施创新驱动发展战略，具有很强的现实意义。

通过本课题研究，以创新驱动为引领，研判邮轮经济未来发展形势，深入解析上海邮轮旅游经济市场特征，并提出相应的对策，对于更好地推动上海邮轮市场的健康发展有重要的意义。

（1）深入研判中国邮轮旅游市场的发展趋势。中国邮轮市场经历十余年的培育期，已经成为全球最具活力的邮轮市场之一，但其中也存在着收益率较低、渠道不畅、市场渗透率低等方面的阶段性问题。为更好地推动中国邮轮市场的健康持续发展，总结了我国十余年邮轮市场发展环境、矛盾，形成了对中国邮轮市场发展的规律性判断。

（2）深入研判上海邮轮经济发展的战略环境和发展潜力。创新驱动战略成为上海邮轮经济发展的关键路径。从供给、需求结构角度入手，揭示上海邮轮市场系统驱动因素，分析驱动路径，构建动力系统，构建市场预测模型，运用产业经济学、旅游经济学等理论，对比国际邮轮市场形势，对上海邮轮经济发展进行研判，提升对上海邮轮经济发展潜力和方向的理性认识，为创新驱动战略实施提供科学依据。

（3）研究新时代时期上海邮轮经济创新驱动发展战略。中国邮轮市场因其受到独具特色的文化、经济发展阶段等方面的影响，与欧美邮轮市场存在较大差异。深入研究中国邮轮市场特征和动态变化，与不同区域国际邮轮经济发展进行对比，以对新时期上海邮轮经济有更加深入的理解，从而制定更加有效的创新战略和对策，深挖上海邮轮发展潜力，提升上海邮轮发展体量和质量。

二、研究框架和研究方法

（一）研究框架

1. 全球邮轮市场发展形势分析

对全球邮轮旅游市场需求、市场供给、市场特征、经济贡献度、消费行为以及亚太区域市场发展特征进行分析。

2. 上海邮轮经济发展形势分析

通过对上海邮轮经济发展的现状进行分析，重点关注上海地区邮轮经济发展显现出的四大瓶颈与难点，探索有效协调机制并逐点突破是推进上海邮轮经济创新发展的关键所在。主要存在邮轮经济贡献显现度有待提升、本土邮轮产业发展缓慢，缺乏本土邮轮船队、尚未有建造邮轮核心技术、市场培育巩固仍不充分等问题。

3. 新时代背景下上海邮轮经济趋势和潜力分析

通过对国际邮轮市场的发展形势分析，并对比中国邮轮市场所处的外部发展环境和内部发展资源等方面进行分析，从而对中国邮轮市场所面临的发展形势有深刻的理解，对中国邮轮市场的发展趋势有宏观方面的研判，从而对中国邮轮市场未来方向有更清晰的认识。

4. 上海邮轮经济创新驱动发展战略设计

通过分析上海邮轮经济发展现状、瓶颈阻碍、未来趋势以及创新驱动发展战略内在要求构建上海邮轮经济创新驱动发展战略，主要是从提升邮轮经济贡献、培育本土邮轮产业、掌握邮轮修造自主知识产权以及培育市场等进行设计，完善邮轮产业链构建、制度和政策和发展模式，推动上海邮轮转型升级，提出四大战略路径。

5. 实施四大重点举措

主要提出大力推进邮轮入境旅游发展，提升邮轮经济贡献、推进邮轮产业链延伸，重点推进本土邮轮船队建设和邮轮建造、优化统筹协调，推进邮轮产业政策创新、发挥市场主体作用，推动市场培育和规范等。

6. 配套三大保障体系

在配套体系方面，提出以政府为主体的政策创新与保障体系、以市场为主体的经营模式创新与保障体系、以技术为支撑的知识创新与保障体系。

（二）研究方法

1. 文献研究法

通过文献研究，采用历史分析法、归纳法、比较研究法等，对已有邮轮文献进行总结，通过逻辑推理，明确我国邮轮旅游发展成果、矛盾和趋势。

2. 案例分析法

通过对美国东海岸、欧盟地中海沿岸国家、波罗的海沿岸国家、澳大利亚等邮轮相对成熟地区进行案例分析，借鉴成功经验，研究邮轮产业发展规律。

3. 专家访谈法

通过前期的研究对邮轮经济研究专家、航线规划专家、邮轮公司高管、旅游研究专家、政府决策咨询专家等进行访谈，收集各方意见与建议，为研究起指导作用。

（三）技术路线图

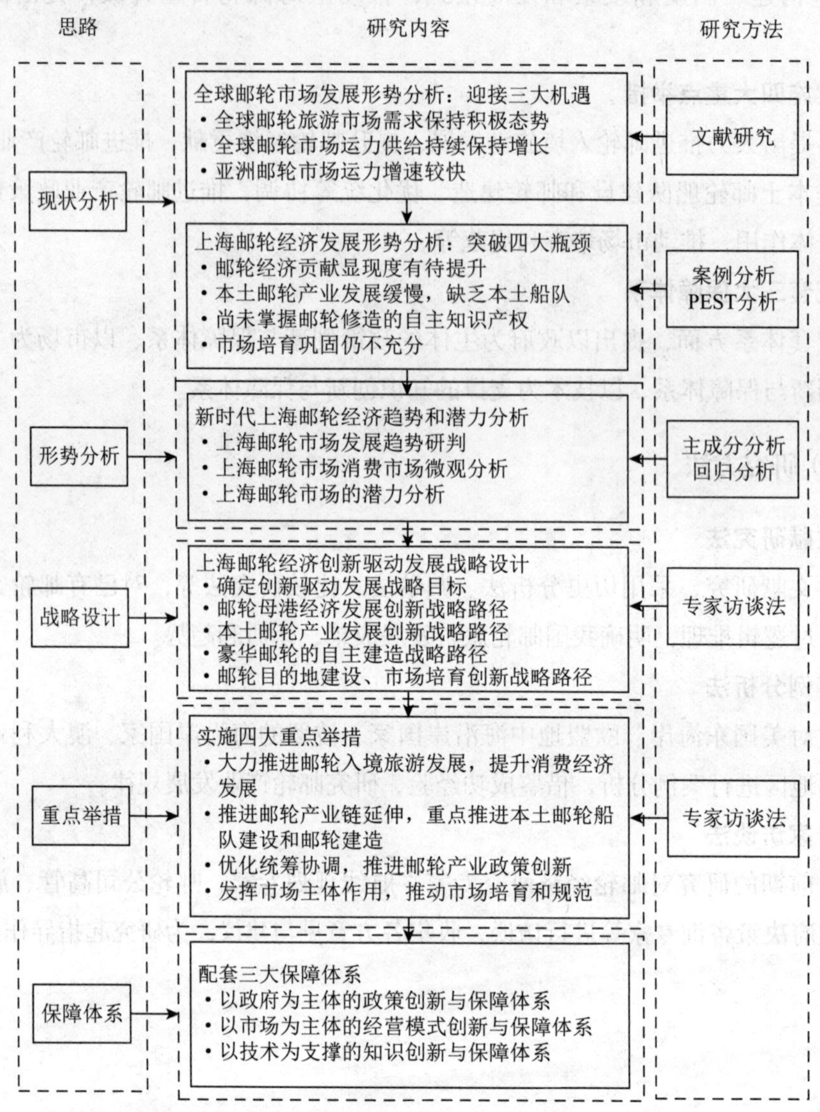

技术路线

三、理论创新和学术价值

本研究以推动上海邮轮经济创新发展、巩固提升上海实体经济能级为目标，采用文献分析和案例分析等方法系统地梳理上海邮轮港规划现状、邮轮公司运营情况、相关产业带动量、游客满意度及政策制度准入，从行业和政府两方面寻求突破。一方面，通过提高上海邮轮港口服务水平，抓住机遇延伸上、中、下游产业链，加强邮轮文化宣传来创新发展模式与路径。另一方面，从国内邮轮产业相关制度入手，厘清束缚邮轮经济发挥带动作用的政策限制，对标全球邮轮经济发达国家，为邮轮相关制度改革落地提供参考。

四、应用价值和经济、技术、社会效益

（一）促进上海旅游业的全面发展，拉动城市经济增长

上海是亚洲第一、全球第四大邮轮母港，已经成为中国邮轮市场发展的先驱者。推进上海邮轮经济创新转型、构建全产业链，不仅能够有效推进旅游业的全面发展，还能够带动中上游高附加值相关产业的全面发展，成为上海城市经济转型的重要抓手。

（二）推进上海邮轮经济发展模式创新、向产业价值链高端迈进

通过延伸邮轮上、中、下游产业链，紧紧对接“上海服务”“上海制造”品牌建设，发展邮轮产业领衔的服务产业和高端制造产业集群，为上海实现高质量发展提供决策依据。

把握文化核心　深化传承利用

——关于推动大运河文化带建设的调研报告

作　　者：游艳丽，万金红，路京选，吕娟

依托单位：中国水利水电科学研究院

成果类别：集体成果

一、研究内容

大运河文化带建设是一项战略性、长期性、系统性工程。为深入贯彻习近平总书记关于“保护好、传承好、利用好”大运河文化资源的重要指示和批示精神，共同推动大运河文化带建设，中国水利水电科学研究院调研组对大运河文化带建设情况进行了专题调研。

（1）调研、分析了大运河文化带建设现状。总体上，大运河文化带建设站位高、举措实，重视并加大了建设力度，重视遗产抢救挖掘和保护，重视沿线生态治理，重视运河文化资源挖掘，取得了良好基础和显著成效。

（2）分析提出了大运河文化带建设存在的薄弱环节和问题，提出“四待加强”。包括系统推进、协调发展、局部水环境治理措施、文化传承力量 4 个方面还有待加强。

（3）进一步提出大运河文化带建设工作在宏观层面的“四重思考”。认为历史文化遗产保护和发掘是前提，要做到底数明、人才足、工作实；河道保护和河道生态修复是基础，要抓规划、抓难点、抓综治；文旅融合和村镇建设是载体，要突出文旅融合、村镇建设特色、群众参与；生态建设和环境保护是根本，要坚持生态环保优先理念、人民至上理念、“两山”理念。

（4）分析、提出推进大运河文化带建设在现阶段具体工作方面的“六点建议”。坚持高点定位，凝聚发展强大合力；坚持规划引领，做好顶层设计；加强体制机制建设，统筹协调管理机制；把握优先方向，深化运河文化核心；总结时代价值，凝练大运河精神；强化与其他国家重大战略结合融合，凝聚合力打造民族文化复兴新引擎。

二、研究框架和研究方法

（1）利用水利史研究所现存历史档案，查阅大运河相关历史资料。

（2）确定调研目的、调研地点，列出调研提纲。

（3）实地调研和座谈交流。调研组调研考察了京津冀3省（市）21（区、县）大运河文化带建设现状。调研组成员参加了全国政协副主席刘奇葆同志带队的“关于进一步推进大运河文化带建设”专项调研，走访大运河沿线8省（市）36县（区、市），实地考察大运河遗产点和文化带建设项目60余处（项）。

（4）综合分析目前大运河文化带建设现状、薄弱环节和存在的问题，进而分析研究大运河文化带建设在宏观和微观层面的思考与建议。

三、理论创新和学术价值

（1）本次调研深入大运河沿线8省（市）36县（区、市）进行了实地考察和座谈，并参加全国政协副主席刘奇葆同志带队的“关于进一步推进大运河文化带建设”专项调研，获得了大量的第一手资料，参与调研层次较高。

（2）对大运河文化带建设从宏观和现阶段具体工作两个层面进行了深入的思考，提出了有针对性的建议。

（3）提出了把文化建设作为大运河发展战略的优先方向和核心，提出了凝练大运河精神的重要性与必要性。

四、应用价值和经济、技术、社会效益

大运河是不可替代的文化资源，是国家的标志性遗产，是民族身份和历史的认知。本次调研以大运河沿线8省（市）36县（区、市）为实证研究对象，以期为大运河沿线各地建设提供更多、更好的技术服务，为水文化建设和水利部相关部门决策提供借鉴，更好地“保护好、传承好、利用好”大运河文化资源。